SUPERFOOD
SOPAS

Sopas de superalimentos

Si este libro le ha interesado y desea que lo mantengamos
informado de nuestras publicaciones, puede escribirnos a
comunicacion@editorialsirio.com,
o bien suscribirse a nuestro boletín de novedades en:
www.editorialsirio.com

Traducido del inglés por Begoña Merino Gómez
Diseño de portada: Editorial Sirio S.A.
Diseño y maquetación interior: Natalia Arnedo
Título original: Superfood Soups

©   del texto
     2016 Julie Morris

©   de las fotografías
     2016 Oliver Barth

     Este libro ha sido editado con el consentimiento de
     Ute Körner Literary Agent, S.L.U. Barcelona
     www.uklitag.com

©   de la presente edición
     EDITORIAL SIRIO, S.A.

     EDITORIAL SIRIO, S.A.
     C/ Rosa de los Vientos, 64
     Pol. Ind. El Viso
     29006-Málaga
     España

www.editorialsirio.com
sirio@editorialsirio.com

I.S.B.N.: 978-84-17030-42-1
Depósito Legal: MA-1276-2017

Impreso en Imagraf Impresores, S. A.
c/ Nabucco, 14 D - Pol. Alameda
29006 - Málaga

Impreso en España

Puedes seguirnos en Facebook, Twitter, YouTube e Instagram.

JULIE MORRIS

SUPERFOOD SOPAS

Sopas de superalimentos

EDITORIAL
SIRIO

Me encanta la sopa.
—Todo el mundo

Mi amor por cocinar es inseparable de mi amor por los libros de cocina. Siempre han estado en mi vida, incluso en las épocas en que apenas sabía leer. Mi primer libro de recetas era diminuto; contaba la historia de unas golosinas navideñas con nombres como Divina, con ilustraciones de niños con mejillas superredondas. Aún lo conservo. Y todavía hoy sigo sujetando con emoción los nuevos libros de recetas, igual que una ardilla sujetaría una nuez gigante y sabrosa. Me los llevo a la cama para devorarlos al final del día, hasta que me duermo soñando con manjares deliciosos. Está claro por qué siempre me despierto con hambre por las mañanas. Me encantan las recetas que hacen pensar en ollas burbujeantes, salsas aromáticas rociadas con cariño y postres que me hacen olvidar rápidamente la talla de mis pantalones favoritos. Pero de entre todas las recetas, una y otra vez me descubro pasando más tiempo en las páginas de las sopas. Es curioso cómo incluso las sopas que conozco de toda la vida, como la clásica de tomate y albahaca, siguen pareciéndome (y sabiéndome) tan tan buenas.

La sopa despierta sentimientos reconfortantes. A mí me evoca la sensación de estar en casa, de que te cuiden, una especie de energía tranquila, como la que sientes cuando pasas una noche sencilla y cómoda a la luz de unas velas. Incluso si aún no se ve el paisaje de invierno por la ventana, cuando tengo delante un bol de sopa humeante preparado con cariño, me siento reconfortada de verdad. Y sé que no estoy sola. Si hay algo que he aprendido en mis años trabajando como chef es que a todo el mundo le encanta la sopa.

Es irónico, pero me di cuenta de la importancia que tienen las sopas para seguir hábitos de vida saludables mientras enseñaba cómo preparar batidos de superalimentos un frío sábado en la ciudad de San Francisco. Una alumna en primera fila se aclaró la garganta y, agarrándose el fular, como para recordarnos la temperatura que hacía fuera, me preguntó: «Entonces, ¿pueden prepararse batidos calientes?». Mientras vertía una

7

taza de hielo en el vaso de la batidora, no pude evitar soltar una risita entre dientes al pensar en lo poco apetitoso que quedaría mezclar unos plátanos pegajosos con leche de almendra y con unas espinacas (que acabarían formando grumos). Y bromeé diciendo algo así como «bueno, creo que a eso lo llaman sopa». Después de que las carcajadas se apagaran, se hizo evidente que, de alguna forma, una sopa no es más que un batido caliente preparado con alimentos salados, una mezcla de alimentos salados naturales, batidos o cortados en trocitos, con cantidades condensadas de nutrientes fáciles de tomar.

Apenas pasó una semana de aquel invierno y la cuestión de los batidos calientes se presentó otra vez ante mí: en esta ocasión me lo sugirió un amigo desde Alemania, a quien no le apetecía nada abrir la nevera para coger unas bayas congeladas. Y curiosamente, unos días después en un *e-mail*, un lector me pidió algunas recetas para preparar batidos salados. Mientras le contestaba con otra versión de mi broma «creo que a eso lo llaman sopa», no me podía quitar de la cabeza la coincidencia. ¿Qué estaba pasando, qué era esa creciente inquietud? ¿Eran nuevas esas ideas sobre batidos calientes preparados con ingredientes salados?

Claro que no. De hecho, si hay una tendencia en recetas que es bien antigua, esa es la sopa. En origen, preparar una sopa era una forma de conservar los alimentos crudos combinándolos con agua, y de aumentar su cantidad (para llenar más estómagos hambrientos), cocinándolos bien para que duraran más. La genealogía de la sopa es tan diversa y está tan arraigada como la del resto de los alimentos: desde que disponemos de fuego y de ollas para cocinarla, no ha habido un solo período en la historia durante el cual la popularidad de la sopa haya menguado. Es un plato tradicional que ha abierto el apetito a todo el mundo, desde campesinos hasta reyes.

Aunque muchas de las recetas de sopas clásicas se basan en combinaciones estupendas, supongo que ya te imaginas que las veo como una oportunidad para experimentar. Las sopas permiten combinar los ingredientes con flexibilidad, y eso las convierte en un formato de plato ideal para aumentar su valor nutricional de muchas formas. Añadiéndoles superalimentos, las sopas son más deliciosas que en su versión tradicional, más estimulantes e incomparablemente más energizantes y agradables. Sin duda el resultado no se parecerá a las sopas de tu abuela (aunque seguro que las de ella son riquísimas). Las recetas de sopa de este libro se basan en las prácticas culinarias tradicionales, a la vez que aplican el conocimiento nutricional de todos los rincones del planeta.

Cuando empecé a escribir este libro, ya tenía un montón de ideas de sopas de superalimentos; pero también sabía que tenía que poner a prueba un montón de recetas. Así que empecé por un campo de investigación reducido. «¿Cuál es tu sopa favorita?», le pregunté a mi madre, al cartero y a casi cualquier persona con la que me cruzaba. Aunque las respuestas eran muy diferentes, enseguida noté que la reacción era siempre la misma. Una sonrisa amplia, casi infantil, se dibujaba en la cara más seria, y en lugar de simplemente decirme el nombre de la sopa, me explicaban con entusiasmo toda la historia de ese plato: me hablaban de los ingredientes, del método, de la herencia, de la familia y de los detalles culinarios: «No piques las cebollas; rállalas. Mi abuelo, que era ruso (¡y vaya carácter tenía!), me enseñó

esta receta tradicional. A mí me gusta añadir un poco de ajo y de semillas de hinojo, pero ese es mi toque personal». A medida que escuchaba un relato detrás de otro, recibía la calidez emocional resultado del sorprendente efecto que causaba sobre la gente mencionar el tema de la sopa, sin importar su lugar de origen. La conexión con este plato tan nutritivo va mucho más allá de la que tendríamos con un simple plato para la cena: las recetas familiares se atesoran como preciosos recuerdos; son conocimientos que deseamos transmitir y compartir, y que nos conectan con ese lugar de mutuo disfrute del sabor. ¿Qué más he aprendido? La palabra *sopa* se ha convertido oficialmente en mi nueva palabra para romper el hielo en las fiestas aquí y en cualquier otro lugar.

Porque, ya lo ves, a todo el mundo le gusta la sopa.

Te deseo que disfrutes de unas felices e interminables cucharadas.

JULIE

PRIMERA PARTE

VUELVEN LAS SOPAS

El poder reparador y reconfortante de las sopas apela a algo profundamente instintivo en nosotros. Piensa, si no, en las sensaciones que despierta sostener un bol humeante entre las manos, rodear la cuchara con los dedos y disfrutar de un sorbo reconfortante de alimento caliente que se desliza por tu garganta. Hasta una galleta con trocitos de chocolate recién salida del horno querría provocar esa intensa sensación.

SOPAS: CACEROLAS LLENAS DE POSIBILIDADES

Desde el instante en que los humanos fuimos capaces de procurarnos un recipiente resistente al fuego, hemos cocinado sopas y estofados, nuestro primer avance culinario más allá de las comidas de un solo ingrediente. Es casi imposible poner una fecha exacta al origen de la sopa, pero los arqueólogos creen que hemos estado haciendo sopas durante al menos veinticinco mil años. Tal vez es de aquí de donde viene nuestro «sí» incondicional a las sopas, el hecho de reconocerlas instintivamente como algo bueno para comer. La sopa es barata, fácil de cocinar, sabrosa, muy sustanciosa y sobre todo una forma genial de aprovechar los ingredientes que tengas.

Estos son solo algunos de los beneficios de preparar sopa, y nuestra generación, por supuesto, no es la primera en saberlo. Las antiguas recetas medicinales se han ido heredando, generación tras generación, en todas las partes del mundo. El descubrimiento de ollas en antiguas tumbas chinas cuenta la historia de una tradición culinaria lo bastante preciada como para llevársela a la otra vida. El tradicional restaurante francés (el paradigma de la alta cocina) empezó sencillamente como un lugar para servir sopas calientes (*restaurante*, traducido literalmente, significa «restaurar»). En efecto, no hay nada más restaurador que un bol de buena sopa, venerado en todas las culturas.

Pero somos una cultura creativa. Hemos recorrido un largo camino desde la época en que comíamos puré elaborado con un ingrediente machacado y agua caliente. Si te fijas en la cocina molecular (o simplemente te das una vuelta por el supermercado), verás confirmada mi afirmación sobre nuestra creatividad. En nuestra búsqueda de sabores deliciosos y de nuevas texturas, hemos usado casi todos los ingredientes comestibles que hemos podido encontrar y, a través del arte de cocinar, los hemos transformado en algo que a menudo se parece más a un experimento de laboratorio que a otra cosa. Por ejemplo, hemos creado ingredientes como la dextrosa (maíz) y el ácido algínico (algas pardas), una deconstrucción de alimentos naturales que alcanza un punto en el que estos apenas se reconocen. Sin embargo, aunque no todos los alimentos de nueva creación son perjudiciales, crece la preocupación sobre la cantidad, cada vez mayor, de ingredientes muy procesados a los que la persona media se expone a diario. Así, la tendencia vuelve ahora a los antiguos orígenes culinarios, para redescubrir los sabores y la alimentación más apreciados por nuestros ancestros.

No tengo palabras para expresar la emoción que me despierta ver esta marea de cambio en nuestra forma de valorar lo que comemos. La revolución está aquí, amigos míos, no importa que nosotros solo seamos la avanzadilla. Batidos, zumos, superalimentos, ensaladas, alimentos sin colorantes, comidas sanas y nutritivas, productos integrales, ingredientes orgánicos, de cultivos biodinámicos y de producción local... todos ellos son parte de una evidente admiración por lo verdaderamente natural, nacido de la tierra. En un momento en que nuestra sociedad está al borde de una crisis alimentaria, en lo que respecta a nuestra salud, la conversación entre consumidores y chefs gira en torno a una sencilla idea. La manera de alcanzar un bienestar sostenible ha estado ante nosotros todo este tiempo: tomar alimentos sin procesar.

El principal objetivo de este libro es honrar esta forma holística y actual de entender la comida. Las recetas centran su importancia en el verdadero potencial de las sopas como forma atractiva de mejorar la salud diaria. Gracias a la flexibilidad de estas recetas, las sopas caseras pueden prepararse con los mejores ingredientes, cien por cien naturales, sin aditivos, azúcares refinados u otros añadidos artificiales, solo con productos saludables. Y se apoyan en el poder de los superalimentos, que, como seguramente ya sabes, son los alimentos más beneficiosos y con mayor concentración de nutrientes del planeta.

Incorporando estos alimentos increíblemente energizantes a tu despensa de alimentos frescos y orgánicos, conseguirás nutritivas sopas que te llevarán a un nuevo nivel de placer y verás cómo convertir viejas recetas clásicas, como la sopa de puerros y patatas, en platos aún más beneficiosos. Además de nuevas versiones de las recetas clásicas, encontrarás novedades extraordinarias, como el sancocho de guisantes y semillas de cáñamo. Emociona aún más que estas sopas son maravillosamente sencillas de preparar, versátiles y apetitosas. Te sorprenderá cuántos beneficios puede llegar a contener una olla.

PRINCIPIOS DE LAS SOPAS DE SUPERALIMENTOS

Un chef con experiencia nos diría enseguida cuáles son los principios básicos de la sopa: un buen caldo (o fondo), un poco de grasa, un aromatizante, ingredientes sólidos y sal, y ya tienes una buena sopa (pronto hablaremos más de esto). Aunque estos son, sin duda alguna, los ingredientes clásicos, el objetivo de las sopas de superalimentos es llevar esta fórmula un paso más allá, mejorando la selección con ingredientes de la mejor calidad y añadiendo alimentos que son excelentes fuentes nutricionales y, además, poco conocidos y utilizados. El resultado es un plato con una rica gama de nutrientes: aminoácidos de fácil digestión, minerales, vitaminas, antioxidantes y numerosos compuestos nutritivos que nos hacen sentir como si alguien hubiera encendido la bombilla del bienestar dentro de nuestro cuerpo.

La habilidad artística y de improvisación, de «dejar caer» los ingredientes en la olla, es siempre útil en los relajados dominios de la preparación de sopas. Pero en el caso de las sopas de superalimentos, hay algunos límites que debes contemplar para asegurarte de que lo que preparas es, efectivamente, beneficioso para ti. Sigue estas reglas y disfruta de una alquimia nutricional profundamente nutritiva que hará honor a lo que uno espera de los platos reconfortantes. Te prometo que el disfrute de la sopa se alarga hasta después de dejar el bol limpio.

1 Utiliza alimentos no procesados, integrales y vegetales

Las teorías sobre la nutrición y los dogmas dietéticos son innumerables, tantos que es difícil seguirlos todos. Pero hay algo en lo que todas las teorías y dogmas están de acuerdo: come más vegetales. Con cada delicioso bocado, las recetas de este libro te ayudarán a alcanzar tu objetivo de consumir más verduras, más tubérculos ricos en minerales, más legumbres y cereales ricos en fibra, más semillas y más frutos secos (en algunos casos, estas recetas te ayudarán incluso a seguir las instrucciones de tu médico).

2 Apuesta por lo fresco

Los alimentos frescos casi siempre son buenos. Agarra tu bolsa reciclable y date una vuelta por los mercados de agricultores locales o explora en tu tienda habitual, y te darás cuenta de que la mayoría de los ingredientes de este libro son alimentos en su estado natural. Encontrarás pocas recetas que necesiten productos en conserva o enlatados. Los ingredientes frescos son el mejor ejemplo de comida sana y nutritiva: no contienen excipientes, aditivos, azúcares, conservantes o similares, y son nutricionalmente completos de la forma en que la naturaleza los creó. Verás que además su sabor es mucho más intenso.

3 Aplica tu espíritu práctico (y lee las etiquetas)

Seguramente te falta tiempo para preparar tu propio caldo en casa o para cocer a fuego lento las legumbres. Lo sé, vivimos en un mundo acelerado. No dejes que esto te impida disfrutar de una sopa casera. En las estanterías de las tiendas hay un montón de ingredientes preparados de buena calidad, orgánicos y no procesados, que te ayudarán a reducir el tiempo de preparación. Cuando compres, fíjate en los ingredientes antes de leer la información nutricional (los ingredientes lo cuentan todo sobre el producto) y compra aquello que se parezca más a lo

que prepararías en casa (en otras palabras, si la lata de legumbres que tienes en la mano incluye un ingrediente que no ha estado jamás en tu cocina, es bastante probable que no deba entrar en ella). Las recetas de este libro se sitúan en un lugar intermedio entre la comida instantánea y la cocina casera reposada. Son recetas asequibles, la mayoría de las cuales pueden prepararse en una hora o menos.

4 Condimenta tus sopas con conciencia

Cualquier chef sabe que si un plato le queda insípido, basta con añadirle un poco de sal y grasa. Aunque el objetivo final es hacer que tus sopas sean increíblemente ricas, para conseguirlo no hace falta empezar a prepararlas con una gran cantidad de aceite o de sal. No estoy en absoluto en contra de usar estos ingredientes con moderación, pero sabemos que emplearlos sin límite alguno tiene, a la larga, efectos perjudiciales (como la hipertensión y el sobrepeso). A medida que sigas preparando recetas de sopas de superalimentos por tu cuenta, te animo a que excluyas estos ingredientes y a que sigas la regla básica: empieza con poco, y añade más según sea necesario. Hasta entonces, sigue estas recetas, que están diseñadas para conseguir grandes resultados usando una cantidad mínima de grasas y sal (y sí, siempre puedes añadir un poco más).

5 Confía en tu intuición

¿Alguna vez te has descubierto pensando en un trozo de pastel de calabaza en mitad del verano? Seguro que no. Como seres biológicos, estamos diseñados para estar en sintonía con nuestro entorno natural, y es inteligente y respetuoso con el medio ambiente alimentarnos siguiendo las estaciones (además, es mucho más sabroso). Verás que algunas de las recetas de este libro te apetecen dependiendo de la estación del año. Confía en tu intuición: tu cuerpo está pidiendo exactamente lo que necesita. Al utilizar los productos de temporada no solo disfrutarás de ingredientes más sabrosos, sino que en muchos casos ahorrarás dinero (¿alguna vez has comprado sandía en invierno? El precio hace pensar que estuviera rellena de oro).

6 Aprovecha las oportunidades para sumar salud

Los superalimentos, esos héroes cargados de nutrientes, son lo que hace que todas y cada una de las sopas de este libro sean más que saludables: son verdaderamente revigorizantes y nutritivas, con beneficios curativos a largo plazo. Aunque pueda parecer que algunos ingredientes se usan en cantidades mínimas, no olvides que esta es la naturaleza de los superalimentos: pequeñas cantidades equivalen a grandes resultados. Puesto que las recetas de sopa son tan flexibles, te animo a buscar siempre oportunidades saludables extra en cada una de las que prepares. Pregúntate (si hace falta, pega una nota en tu nevera) qué puedes hacer para mejorar aún más tu salud. Añade algunas espinacas *baby*. O una pizca de algún superalimento en polvo. Espolvorea por encima semillas de chía como si fuera el confeti de una fiesta. Busca siempre formas de enriquecer las reservas de salud de tu cuerpo. Todo suma.

7 Disfruta de cada cucharada que comas

Toda la charla sobre la abundancia nutricional no sirve de mucho si las sopas que prepares no son una experiencia culinaria positiva, algo que de verdad disfrutes comiendo. Descubrirás que cada receta de este libro está cuidadosamente pensada para ofrecer diversos sabores y texturas, porque el disfrute que experimentas comiendo alimentos que te encantan también es una parte clave de la salud. Tal vez cocinarlas tal como las he escrito te dé más confianza, pero lo cierto es que las recetas no son una ley. Una vez entiendas cómo usar los superalimentos, no temas personalizar y convertir cada receta en tu obra maestra. Quiero decir que durante miles de años, no hemos cocinado sopas con tanta precisión, ¿no es verdad? Así que adelante, échale a la sopa los cebollinos de tu jardín, añade tus especias favoritas, aplica los secretos de la cocina de tu abuela. Convierte tu vida sana en una experiencia tan sabrosa que llegue a ser adictiva. La clave para conseguirlo es que debe ser «tu propio» estilo de vida sana.

LO BÁSICO DE LAS SOPAS

El sabor, la textura e incluso la forma de servir las sopas varía de forma notable. Sin embargo, la mayoría de ellas tienen una composición básica que es como una fórmula: un poco de grasa, un aromatizante, ingredientes básicos, condimentos, líquido y, finalmente, añadidos (incluidos más condimentos al gusto, por supuesto). Una vez hayas aprendido las bases de esta fórmula (que empiezan a continuación), podrás personalizar y crear infinitas recetas por tu cuenta.

GRASAS BUENAS

No, no es un oxímoron: las «grasas buenas» existen de verdad. De hecho, las grasas de calidad de origen vegetal son una auténtica fuente de energía, mejoran la salud cardiovascular y favorecen la función cerebral, por nombrar solo algunos de sus muchos beneficios. Desde el punto de vista culinario, casi todas las sopas necesitan al menos un poco de grasa para facilitar su preparación y para intensificar y equilibrar su sabor. Y para las recetas de este libro, te servirás, en la mayoría de los casos, de dos fuentes de grasa: aceite de coco y aceite de oliva. El sabor del aceite de coco se parece más al de la mantequilla que al del coco, y es una forma beneficiosa y libre de colesterol de enriquecer productos pesados como los tubérculos y las raíces. El aceite de oliva es sano para el corazón y su sabor tiene una base algo más afrutada que destaca en las recetas de estilo mediterráneo y en las que incluyen frutas (como los tomates*) y verduras de las temporadas cálidas. Aunque cada uno de estos aceites tiene sus matices, puedes utilizar cualquiera de los dos.

Aparte de su utilización para saltear algún ingrediente, las grasas buenas también pueden añadirse durante la cocción o al final para darle cuerpo a un plato y mejorar su sabor. Además de los anteriores aceites, hay otras fuentes de grasa de calidad que le van bien a la sopa:

---

* Aunque desde el punto de vista alimentario el tomate es considerado hortaliza, botánicamente hablando, el tomate es una fruta (fruto).

- Otros aceites de cocina.
- Frutos secos (y las cremas preparadas con ellos).
- Semillas.
- Aguacates.
- Aceitunas.
- Aceites aromatizados (como el de sésamo o el de trufa, que suelen añadirse al final de la cocción).

AROMATIZANTES

El atrayente aroma de una cebolla picada crepitando en una sartén es el anuncio de que alguien está cocinando algo delicioso en casa. De aquí el término *aromatizante*. Como ya habrás notado, si alguna vez preparas tus propias sopas, la mayoría empiezan con la misma combinación de ingredientes, por lo general parecidos al *mirepoix* francés, una mezcla de hortalizas picadas y salteadas. Las proporciones del *mirepoix* normalmente son dos partes de cebolla, una de zanahoria y otra de apio, pero puedes añadirles otros ingredientes o sustituir algunos por otros, como los cocineros de todo el mundo han hecho durante siglos.

Los aromatizantes son los primeros ingredientes que se añaden a la cacerola porque son los que más tardan en cocinarse e influyen sobre el sabor de la sopa. Como un conjunto de bailarines en un teatro musical, esta combinación añade un sabor de fondo especial, incluso si los ingredientes individuales pasan del todo desapercibidos. Algunos ingredientes aromatizantes usados con frecuencia son:

- Cebollas (de todos los colores y variedades).
- Puerro.
- Apio.
- Nabo.
- Perejil.
- Zanahoria.
- Pimiento.
- Ajo.
- Jengibre.
- Tomate.

CONDIMENTOS

La categoría de los condimentos incluye cualquier ingrediente con un sabor fuerte. Se utilizan para apoyar e intensificar los ingredientes base de una receta, extrayendo lo mejor de ella, así como para añadirles complejidad. La condimentación de un plato puede ser tan sencilla como un poco de sal y pimienta, o tan compleja como un mole preparado con veinte especias. Además, depende en gran medida del gusto personal y de los matices de los otros ingredientes de la receta. Los condimentos suelen agregarse durante la primera fase de cocción, y luego hacia el final, para intensificar el sabor.

Cualquiera de los siguientes ingredientes añadirá notas interesantes (y espero que armonía) a tus sopas:

- Sal y pimienta.
- Especias en polvo o en grano.
- Hierbas frescas y secas.
- Salsa de soja y salmueras.
- Levadura alimenticia.

INGREDIENTES BÁSICOS

Los ingredientes básicos forman el corazón de la receta, son el principio del espectáculo, y en este libro, los vegetales son las superestrellas de referencia. En este reino de la salud, hay miles de ingredientes básicos. Los que siguen son una breve muestra de ellos:

- Legumbres.
- Cereales.
- Seudocereales (semillas que se parecen a los cereales, como la quinoa).
- Calabazas y hortalizas feculentas.
- Raíces y tubérculos.
- Verduras de hoja, y casi cualquier otro tipo de verdura que puedas imaginar.
- Fruta.
- Frutos secos.
- Semillas.

LÍQUIDOS

Si no tuviera líquido, una sopa no dejaría de ser un salteado. La magia de la sopa aparece cuando le añadimos el líquido, y se produce una intrigante ósmosis entre las características de los ingredientes sólidos y las de los líquidos: el sabor se concentra a medida que la sopa hierve. Al cocinar la mayoría de las sopas, el caldo se utiliza para hervir los ingredientes, pero en ocasiones el único añadido que se necesita para las recetas más aromáticas es agua. Y aunque es preferible preparar tu propio caldo, por su mejor sabor y porque es más saludable (en la página 81 te muestro cómo preparar caldos de las distintas variedades de superalimentos), un caldo orgánico en envase de cartón será suficiente en los momentos en que no tengas tiempo. Evita, si puedes, los cubitos de caldo a menos que conozcas la calidad de los ingredientes, porque por lo general están hechos de sal y de levadura concentrada. Te gustará saber que puedes aplicar la creatividad a los líquidos para preparar sopa. Aquí tienes algunas de las opciones más utilizadas. Algunas de ellas son incluso mejores si las usas combinadas:

- Agua (por supuesto, purificada).
- Caldos (caseros, como el caldo vegetal de la página 84, o preparados).
- Leches o cremas de frutos secos.
- Té.
- Zumo (sobre todo de verduras).
- Vino (tinto y blanco).

AÑADIDOS

En muchos sentidos, la sopa puede compararse con una pieza musical clásica. Por ejemplo, tomemos el famoso coro del *Aleluya*, de George F. Handel. Tienes unos cuatro minutos de enfebrecidos *aleluyas* que destacan

de una gran cascada de cantos en latín, como los ingredientes de una olla de sopa, cocinándose alegremente. Entonces llega el famoso clímax: el conocido superlento *a... le... lu...* Y ese *lu* parece quedarse colgado, en suspensión, con su disonancia, en desesperada necesidad de concluir, hasta que al fin... el *ya* ataca triunfalmente. La importancia del clímax de la sílaba final equivale a los últimos ingredientes que añades a la sopa. El *ya* puede ser un condimento extra, un poco de ácido (como vinagre o zumo de limón), el toque de un caldo que aligere un guiso espeso o una pizca de crema agria de anacardos para completar y suavizar un chili picante. El *ya* lleva todo a un estado final de armonía y aporta

equilibrio a una sopa que, de lo contrario, no estaría completa. Estos son algunos de los añadidos más frecuentes para usar al final de la cocción:

- Zumo de limón o de lima.
- Vinagre (todas las variedades).
- Sal y pimienta.
- Edulcorante.
- Caldo o agua extra.
- Aceite.
- Frutos secos y semillas, mantequillas o cremas de frutos secos.
- Salsas y condimentos.
- Hierbas frescas.
- Delicadas hojas de verduras.
- Aderezos y otros añadidos (ver la página 234 para recetas y algunas ideas).

LEGUMBRES EN CONSERVA O FRESCAS

Añade legumbres secas a una sopa, y en un momento tienes una comida. Las legumbres son una fuente excepcional de proteínas vegetales y fibra soluble, que ayuda a eliminar el colesterol y es sana para el corazón.

Seré sincera: hay algunas comidas en este planeta que saben un millón de veces mejor (o al menos un poco) si las preparas tú, pero me temo que este no es el caso de las legumbres. A menos que les añadas un montón de especias, las legumbres

sencillas cocinadas en casa se parecen mucho a las envasadas que puedes comprar en la tienda (o incluso me atrevería a decir que las de casa no son tan buenas). Las legumbres en conserva te ofrecen un montón de ventajas a la hora de hacer una sopa. Primero, son rápidas de preparar y reducen el tiempo que pasas en la cocina en horas y horas (¿y no es lo mejor del mundo, tener lista una sopa en menos de una hora, en lugar de pasar todo el día preparándola?). Segundo, tienen una consistencia perfecta. Lo creas o no, dominar la cocción para conseguir unas legumbres perfectamente cocinadas puede ser una tarea sorprendentemente difícil (pueden quedar poco hechas y duras, o por el contrario, demasiado blandas). Por último, la mayoría de las recetas de sopa solo requieren una pequeña cantidad de legumbres (y diferentes variedades también), cantidad que no siempre justifica las horas que lleva cocinarlas en casa.

CONSEJOS PARA COMPRAR LEGUMBRES EN CONSERVA

1. **Compra conservas sin bisfenol (en la etiqueta se indicará «sin BPA» o «BPA-free»).** El bisfenol-A es un producto químico industrial que se encuentra en algunos plásticos y resinas y que a menudo se utiliza en el revestimiento de las latas de conservas. Se ha asociado a posibles efectos negativos sobre la salud de los niños, el cerebro, la próstata e incluso la conducta. Los investigadores han descubierto que el BPA puede contaminar la comida a través de las latas que lo contienen. Así que para mayor seguridad, escoge marcas sin BPA.

2. **Opta por las legumbres con sal.** Para hacer sopa, compra legumbres que se hayan cocinado con sal, evita las variedades sin sal. Las legumbres necesitan hervir a fuego lento mucho tiempo para adquirir el sabor del

líquido en el que se cuecen, así que si añades legumbres sin sal a tu sopa, quedarán decepcionantemente insípidas. Por otro lado, el sabor de las legumbres saladas se fusionará instantáneamente con el de otros sabores de la sopa base. Suelo recomendar usar productos con bajo contenido en sodio, para que sea más fácil controlar la ingesta de sal; sin embargo, las legumbres son la excepción.

3. **Evita conservantes innecesarios.** La etiqueta de los ingredientes del envase debe decir: «legumbres, agua, sal» o preferiblemente «legumbres procedentes de la agricultura ecológica, agua, sal». Esto es todo lo que las legumbres (y tú) necesitáis. (Para recomendaciones de marcas, puedes consultar la «Guía para comprar ingredientes» en la página 257).

Si todavía estás pensando en usar legumbres secas, aplaudo tu valor y, como recompensa a tus esfuerzos, te adelanto que posiblemente ahorrarás un poco de dinero. Para tu comodidad, en la página siguiente encontrarás un cuadro de referencia con tiempos de cocción para las diferentes variedades de legumbres usadas en este libro. Simplemente, si vas a sustituir las envasadas por las cocidas en casa, usa 1 ½ tazas de legumbres caseras por cada 425 g de legumbres enlatadas.

CÓMO COCER LAS LEGUMBRES

Para prepararlas en casa, primero remueve las legumbres secas para retirar piedrecitas o algún otro resto. Luego, ponlas a remojo en agua toda la noche, usando una proporción de una parte de legumbres por cuatro de agua. Después de haberlas remojado, aclárarlas muy bien y hiérvelas en una olla de fondo grueso con agua limpia y un poco de sal.

En el cuadro siguiente encontrarás el tiempo de cocción indicado para cada tipo de legumbre (Como método alternativo, también puedes usar el remojo rápido: hierve las legumbres en una olla, luego cuécelas a fuego lento durante 2 minutos y a continuación aparta la olla del fuego y déjalas reposar 1 hora).

1 taza de legumbres secas = 3 tazas de legumbres en conserva

NOMBRE	DESCRIPCIÓN	TIEMPO DE COCCIÓN
Alubias blancas	Tamaño pequeño. Blancas, de forma ovalada. Un poco dulces, sabor cremoso	1-2 horas
Alubias *cannellini* (alubias riñón italianas)	Tamaño medio. Blancas y con forma de riñón, con sabor a frutos secos	1-1,5 horas
Alubias Great Northern	Tamaño grande, forma ovalada y color blanco. Sabor suave	1-2 horas
Alubias negras	Tamaño medio. Negras por fuera con un interior ligero y cremoso	1-1,5 horas
Alubias pintas	Tamaño medio a grande. Color beis amarronado, con sabor intenso a alubias	1-2 horas
Alubias riñón	Tamaño grande. Color rojizo y forma de riñón. Sabor intenso a alubias	1-2 horas
Garbanzos	Tamaño medio. De color beis y forma redondeada. Sabor a frutos secos	2-3 horas
Habas de soja	Tamaño pequeño. Forma redonda y de color negro, verde, rojo o amarillo. Sabor a mantequilla	3-4 horas

NOTA: las alubias de careta (frijol de ojo negro, chícharo salvaje, alubia carilla, caupí...), los guisantes partidos y las distintas variedades de lentejas se cuecen relativamente rápido y no hace falta ponerlos en remojo. Por esta razón se usan secos en las recetas de este libro.

PREPARAR LA SOPA

Una de las muchas cosas que me gustan de preparar sopas y guisados es que no hace falta ser un experto en cocina. Sin duda, los chefs experimentados crean obras maestras bien complejas, pero al final del día, el famoso chili de papá también es más que delicioso. Dada la increíble cantidad de sopas que uno puede elaborar, es comprensible que los métodos de preparación sean distintos. Sin embargo, hay una fórmula-base para las sopas. A medida que prepares las recetas de este libro sentirás que puedes hacer sopas con confianza, y a partir de ahí podrás seguir las mismas reglas para preparar tus propias creaciones.

Grasas: primero debes poner un poco de grasa, generalmente en una olla de fondo grueso a fuego medio, para asegurarte de que los ingredientes no se peguen; además, eso ayuda a dorarlos. El aceite tiene que calentarse sin llegar a humear, pero los primeros ingredientes que le añadas deben chisporrotear con alegría tan pronto los eches a la sartén.

Aromatizantes: tanto si usas un *mirepoix* clásico (cebollas, zanahorias y apio picados) como otra mezcla de verduras, los aromatizantes siempre van primero cuando se trata de preparar una sopa, porque son los ingredientes que más tardan en cocinarse, por lo general entre 2 y 10 minutos.

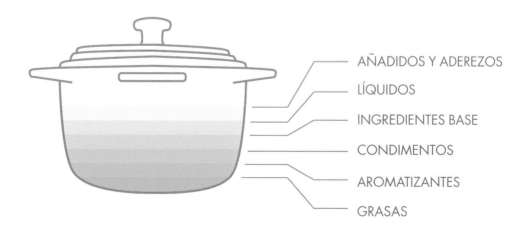

AÑADIDOS Y ADEREZOS

LÍQUIDOS

INGREDIENTES BASE

CONDIMENTOS

AROMATIZANTES

GRASAS

Condimentos: a continuación añade los condimentos (como sal, pimienta y especias secas), para asegurarte de que hay tiempo de sobra para que se integren en la sopa. Utiliza solo un poco de sal y pimienta al principio; ya tendrás tiempo de ajustar la cantidad de cada condimento mientras la sopa se cocina o cuando esté acabada.

Ingredientes básicos: luego agrega el arroz, las legumbres, las hortalizas (como las patatas y la coliflor) y los superalimentos, para potenciar la salud vascular (como las bayas de goji). Tienes que dejar la sopa en el fuego hasta que los ingredientes con mayor tiempo de cocción estén tiernos (o puedes añadir los ingredientes en etapas para controlar la textura final).

Líquidos: puedes usar agua, caldo, vino o cualquier otro líquido para ablandar los vegetales. Incluso si la olla está tapada, la mayoría del líquido se absorberá o se evaporará. Primero, haz que hierva y luego baja suavemente a fuego lento. El tiempo de hervor dependerá del tamaño y del tipo de ingredientes que utilices.

Añadidos: al final de la cocción, añade ingredientes que sean sensibles al calor, incluidos ácidos como el zumo de limón y de lima, el vinagre, la leche, las verduras de hoja, los superalimentos con distintas texturas (como las semillas de chía y las hierbas frescas). Ajusta los condimentos de nuevo al final.

Aderezos: una vez has servido la sopa en boles, puedes añadir salsas como pesto, cremas, semillas tostadas o hierbas frescas picadas (como cebollino, perejil y eneldo).

CLAVES DE LAS SOPAS DE SUPERALIMENTOS

No existe nada parecido al alimento perfecto —ni siquiera los superalimentos lo son—. Ningún ingrediente solo es capaz de curar al cien por cien ni te dará inmunidad total frente a la enfermedad. Lo que sí hacen los superalimentos es enriquecer cualquier plato con una gran concentración de elementos nutritivos. Tomarlos te ayudará a crear un ecosistema interno saludable que, a su vez, conducirá a un organismo más fuerte y equilibrado. En otras palabras, tomar superalimentos de forma habitual te ayudará a mantener la mejor versión de tu biología.

LAS SIETE MEJORES FAMILIAS DE SUPERALIMENTOS PARA LA SOPA

La lista de los siete superalimentos no es, por supuesto, una enumeración exhaustiva de todos los superalimentos del mundo. Más bien, esta lista se centra en las familias de superalimentos más fácilmente disponibles, que son más conocidos y apreciados, y que ofrecen los mejores sabores y características nutricionales para preparar sopas. Hay un increíble número de maravillosos superalimentos en el mundo, pero, lástima, muchos son difíciles de encontrar y

otros pierden sus propiedades nutricionales durante el proceso de cocción (de esto hablaré más adelante). Por tanto, esta lista se centra en los mejores superalimentos para las sopas, teniendo en cuenta tu salud, tu cartera y tu cocina.

¡Recuérdalas! Cada una de estas familias incluye los superalimentos que encontrarás una y otra vez en las recetas de este libro, que son increíbles recursos para tener en una despensa saludable.

LAS SIETE FAMILIAS DE SUPERALIMENTOS

- Setas medicinales.
- Algas comestibles.
- Verduras de hoja verde.
- Superbayas.

- Superraíces.
- Supersemillas.
- Supercereales.

UTENSILIOS

Un aspecto agradable de las sopas es que se precisan muy pocos utensilios para prepararlas. Para empezar, necesitarás lo fundamental: una olla grande de fondo

grueso, un buen cuchillo y una buena cuchara de madera. Para la olla, son perfectos el cobre o el acero inoxidable. También puedes usar una olla de hierro (esas de paredes supergruesas

con un baño de esmalte), aunque lo cierto es que, para preparar las recetas de este libro, ese monstruo pesado no ofrece ventajas particulares sobre una olla normal. En cuanto al tamaño, una olla de 5,5 a 7,5 l es la mejor opción (cómprala más grande si no estás seguro del tamaño).

Un buen cuchillo también marcará la diferencia a la hora de cocinar tus sopas. Estos platos requieren una preparación (por ejemplo, picar), y la calidad de tu cuchillo, y un buen afilado pueden hacer que la tarea sea simple o ardua, frustrante e incluso peligrosa. Si aún no tienes uno, invierte en un cuchillo de chef de calidad, de entre 20 y 25 cm de largo, y afílalo de forma habitual. Te durará una década o incluso más. Yo también valoro tener un cuchillo de cerámica en la cocina; se mantiene afilado mucho más tiempo y es estupendo para productos de consistencia más blanda, como los tomates y las cebollas.

No puedo recordar cuándo o dónde conseguí mi primera cuchara de madera para la sopa. Todo lo que puedo decir es que es especial para mí, aunque solo sea por la cantidad de sopas que me ha ayudado a preparar. Una cuchara de madera es una buena elección porque no rayará el fondo de la olla. Consigue una de tamaño grande, que te guste y envejezca contigo. Si eres como yo, este es el tipo de utensilios prácticos de los que además te encariñarás.

Por último, para algunas recetas necesitarás triturar los ingredientes. Por alguna razón, parece que esto es un asunto delicado entre los chefs. Hay dos formas de batir las sopas: con una batidora de mano (el típico minipimer) o con una batidora de vaso o jarra. Personalmente, prefiero la segunda opción, porque creo que la sopa queda con una textura mucho más fina, y además estas batidoras son mucho más rápidas. Dicho esto, te recomiendo que, para preparar estas recetas, escojas la batidora que te resulte más cómoda.

HONGOS O SETAS MEDICINALES

Cuando estudiaba en la universidad, pasé un año en el norte de Idaho. Los estudiantes disolutos se escabullían del campus de vez en cuando para internarse en los campos colindantes, donde buscaban setas entre el estiércol de vaca (de las setas, solo diré que no eran de la variedad que se usa para cocinar). Las setas tienen mala fama: se las acusa de venenosas (solo unas pocos lo son), de alucinógenas (así lo confirmaron los chicos removedores de estiércol) o simplemente de ser perjudiciales (un mito enraizado en el folclore occidental, con antiguos textos que sugieren que las setas brotan de las brujas y pueden estrangular a quien las coma). Pero estas precauciones micofóbicas desaparecen cuando conoces los beneficios verdaderamente milagrosos de algunas variedades de setas, consideradas setas medicinales. Estas cepas de hongos especiales ofrecen una excepcional ayuda al sistema de defensa del organismo, para prevenir y combatir un amplio número de

enfermedades, gracias a un conjunto único de fitoquímicos. De hecho, incluso las setas usadas para cocinar con más frecuencia son bastante saludables: son una fuente de numerosos micronutrientes, como vitaminas B, hierro y vitamina C. Y su sabor parecido al de la carne no es una fantasía de tu imaginación; además, las setas son muy ricas en proteínas en relación con su peso, con todos los aminoácidos esenciales.

La denominación *setas medicinales* simplemente se refiere a la versión en superalimento de las setas «normales»; se trata de variedades especiales de la misma familia, como la col kale, que comparada con la lechuga iceberg se considera un superalimento. Por ejemplo, las setas *shiitake* mejoran el sistema inmunitario unas cien veces más que los champiñones. Así que, aunque todas las setas son beneficiosas, las medicinales son mucho mejores desde el punto de vista nutricional, y vale la pena buscarlas.

Beneficios y variedades: no digo esto a la ligera: las setas medicinales merecen su nombre porque son uno de los superalimentos más potentes y terapéuticos que puedes tener en tus manos. Es difícil intentar resumir aquí su siempre inacabable repertorio de beneficios (y contener

mi propio entusiasmo por ellas). Estos ingredientes están llenos de compuestos fascinantes, muchos de los cuales aún están por descubrir. Para facilitarte las cosas, encontrarás solo cinco tipos de setas medicinales en las recetas de este libro, y únicamente dos de ellas (la *shiitake* y la *maitake*) están disponibles frescas o secas. Las otras tres se venden en polvo y tienen muy poco sabor, una cualidad que hace que sea muy fácil incorporarlas a cualquier receta. En cualquier caso, te animo a descubrir todo lo que puedas de estos espectaculares alimentos y a escoger las variedades que mejor respondan a tus objetivos de salud.

Cómo usar las setas medicinales: gracias a su sabor jugoso con notas de tierra, puedes disfrutar las setas en cualquier tipo de recetas saladas, desde nutritivos caldos a chilis sustanciosos. La presencia de la *shiitake* es más evidente que la de otras setas medicinales debido a su sabor, además de que se usan enteras. Las setas en polvo (como la *reishi*, las *cordyceps* y la chaga) pueden utilizarse en casi cualquier receta sin apenas influir en el sabor.

NOTA IMPORTANTE: desde el punto de vista del sabor, las setas en polvo mencionadas en este libro son intercambiables en una proporción de uno a uno. Por ejemplo, si lo que necesitas de verdad son los beneficios de la seta chaga, pero en la receta se especifica la seta *reishi*, no dudes en cambiar una por otra. Esa es la idea.

Shiitake

Aunque son las segundas setas más populares después de los champiñones, contienen un impresionante número de beneficios medicinales, a la vez que tienen un sabor inmensamente sabroso. En la medicina tradicional china se utilizan para tratar el colesterol alto, los resfriados y la gripe. Además, en las últimas décadas se han realizado estudios que muestran que el extracto de micelio de *Lentinula edodes*, un elemento antioxidante único encontrado en estos hongos especiales, puede inhibir el crecimiento de los tumores. Este increíble descubrimiento ha inspirado el desarrollo de un fármaco anticancerígeno que se ha aprobado para su uso en Japón y que ya está utilizándose allí para mejorar la función inmunitaria. Por su capacidad de estimular los anticuerpos, este compuesto se la considera útil para tratar casos de hepatitis, infección por virus de la inmunodeficiencia humana, caries

LA IMPORTANCIA DEL *UMAMI*

La mayoría de nosotros estamos familiarizados con los cuatro sabores básicos: dulce, salado, amargo y ácido. Pero hace ya años que la ciencia confirmó la presencia de un quinto sabor llamado *umami*, descrito, en líneas generales, como salado y delicioso. Técnicamente, este sabor exquisito es producto de la presencia de un aminoácido denominado glutamina.

Aunque la glutamina está presente con más frecuencia en alimentos con alto contenido en proteínas, como la carne, también se encuentra concentrado de forma natural en alimentos de origen vegetal como el miso, las algas, las setas e incluso frutas como los tomates. Añadir estos productos a tus platos te ayudará a crear un sabor pleno e intenso, equilibrará tus recetas y las convertirá en platos innegablemente deliciosos.

dental, afecciones hepáticas y enfermedades bacterianas. Y además de ser jugosísima y de su delicioso sabor *umami*, es la seta medicinal más versátil y fácil de utilizar. Por todas estas razones, se considera un ingrediente perfecto para añadirlo a las sopas y a los estofados de todo tipo.

Reishi

Algunos herboristas orientales están convencidos de que las setas *reishi* son las reinas de la medicina de herbolario —incluso las ponen por delante del *ginseng*, uno de los ingredientes más importantes y valorados de la medicina tradicional china—. Desde un punto de vista científico, podemos decir que estas setas contienen varios antioxidantes y microelementos, como los betaglucanos, la proteína Ling Zhi-8 y ácidos ganodérmicos. Si los nombres de estos elementos no te emocionan, quizás sus beneficios lo hagan: los herboristas actuales utilizan el *reishi* en un amplio e impresionante número de remedios que ayudan a combatir el síndrome de fatiga crónica, la diabetes y el colesterol alto, a la vez que colaboran en la desintoxicación del hígado y estimulan la actividad antialérgica, desde la fiebre del heno hasta el asma. Hay curas para proteger y embellecer la piel basadas en la seta *reishi*, y gracias a las cualidades adaptógenas de los hongos, también es un superalimento ideal para tratar los síntomas relacionados con el estrés, al favorecer el equilibrio suprarrenal. Aunque por su sabor más bien amargo, no se considera una seta de uso culinario, a menudo se utiliza como tónico, en infusiones o tés. Puesto que se usan pequeñas cantidades en las sopas, el sabor poco atractivo de esta seta puede disfrazarse fácilmente con verduras y hierbas.

Cordyceps

Cuando pienso en los *cordyceps*, un género de setas que incluye cientos de especies, se me vienen a la mente la

EL USO DE EDULCORANTES EN LA SOPA

El azúcar es, tal vez, uno de los ingredientes más polémicos, y es comprensible que así sea. Pero lo cierto es que no todos los azúcares se elaboran de la misma forma. Edulcorantes como el azúcar de coco, con bajo contenido glucémico, o el jarabe de arce, natural y con alto contenido en minerales, quedan muy bien con toda clase de recetas. Y lo creas o no, a veces son necesarios para equilibrar el sabor en las saladas. No usarás estos edulcorantes con frecuencia en las recetas de este libro, y si lo haces, no necesitarás añadir mucha cantidad (de hecho, para una ración es suficiente con pequeñísimas cantidades). Solo recuerda que a veces un toque de un buen edulcorante, usado con el mismo criterio que otros alimentos ricos en nutrientes, no es algo que deba preocuparte.

energía y la vitalidad. Las setas del género *cordyceps* son valoradas por los deportistas como ayuda a la recuperación antes y después del ejercicio. Gracias a su capacidad de mejorar la absorción de oxígeno, disparan fácilmente la resistencia y el rendimiento. Y hablando de resistencia y rendimiento, la *cordyceps* se usa en China desde la antigüedad para mejorar o restaurar la función sexual, tanto en hombres como en mujeres. En algunos estudios clínicos se ha demostrado su capacidad para reducir el colesterol malo y aumentar el bueno. Otro de los muchos beneficios de estos hongos es un saludable efecto sobre las dolencias respiratorias, incluida la bronquitis y el asma; también se los considera útiles para tratar la diabetes y la hepatitis B, e incluso las alteraciones hepáticas y renales. Aunque tienen un sabor ligeramente amargo (menos que el *reishi*), pueden añadirse sin problemas a casi cualquier tipo de sopa.

Chaga

La reputación de esta seta está creciendo y llamando la atención en las comunidades médicas de todo el mundo debido a sus propiedades antiinflamatorias, antivíricas, antifúngicas y antitumorales. La seta chaga es una de las mayores fuentes del poderoso antioxidante conocido como superóxido dismutasa (SOD), de vitamina D, de minerales importantes y únicos (como el zinc y el germanio), y de beta-glucanos. Además, tiene una enorme variedad de propiedades curativas, incluida la reducción de la presión arterial y de la concentración de azúcar en la sangre y la curación de los trastornos estomacales crónicos. Quizás sean sus propiedades anticancerígenas las más valoradas, entre las que se cuentan la regeneración celular después del tratamiento con quimioterapia para retrasar el crecimiento de algunos tipos de tumores. Esta seta ha dado prometedores indicios de ayudar a prevenir y curar un amplio número de formas de cáncer, en particular el melanoma y el cáncer hepático, el óseo y el estomacal. Es ingrediente obligado en cualquier despensa de superalimentos, a pesar de su sabor ligeramente amargo, que por fortuna pasa casi desapercibido en las sopas y estofados.

Mención de honor: seta *maitake*

La *maitake* probablemente se conoce mejor como seta culinaria silvestre, aunque hoy en día se cultiva a menudo. Es muy valorada por su sabor a carne. En la temporada en que está disponible, puedes encontrarla en los mercados de frutas y verduras y en algunas tiendas, durante un par de meses, antes de que los chefs emocionados y los cocineros aficionados las compren. Esta seta también se usa en la medicina japonesa para estimular el sistema inmunitario y potenciar la vitalidad. Después de décadas de investigación, se ha revelado como una herramienta de control de la diabetes y del colesterol, como estabilizadora de la presión arterial y del peso corporal y como ayuda en la respuesta del organismo en las enfermedades autoinmunitarias. Normalmente se vende en polvo, pero es tan rica que cuando la encuentro, no puedo evitar usarla fresca. Normalmente solo la encontrarás en temporada, así que no olvides hacer acopio. Si no puedes disponer de ella, ten en cuenta que apenas se usa en las recetas de este libro y que siempre puedes sustituirla por cualquier otra variedad de seta fresca.

ALGAS COMESTIBLES

«Si todas las comidas pudieran hacerse solo moderadamente más sanas [...] incluso funcionales, añadiéndoles un tipo de algas [podríamos tener] una estrategia de intervención a largo plazo para [las enfermedades cardíacas]». Esta fue la declaración final de los científicos de la Universidad del Sur de Dinamarca en un artículo publicado en 2015 en la revista científica *Phycologia*, después de estudiar los beneficios sobre la salud de treinta y cinco tipos de algas comestibles. Históricamente, las algas, también llamadas vegetales marinos, se han utilizado desde hace tiempo en casi cada comunidad costera del mundo, pero no suelen usarse en las recetas «corrientes» en los países occidentales. Entre las algas comestibles hay una gran cantidad de superalimentos para la sopa, y son muy valiosas como alimento y como medicina. Úsalas siempre que tengas oportunidad de hacerlo.

Beneficios y variedades: muchas personas consideran iguales todas las variedades de algas y las meten en el mismo saco, porque cuando están deshidratadas, su apariencia es muy similar. Las algas son ejemplos valiosos de densidad nutricional activa, son bajas en calorías y vienen cargadas de beneficios: un contenido equilibrado de macronutrientes, aminoácidos y fibra; una proporción favorable de ácidos grasos omega-3 y omega-6; vitaminas, antioxidantes, y, lo más abundante, minerales. En las algas también abundan los formadores alcalinos, como el calcio, el hierro, el magnesio y el sodio (electrolitos), además de algunos importantes e inusuales minerales traza, como el molibdeno, beneficioso para el metabolismo. Las algas aportan propiedades nutricionales a casi cualquier alimento al que se añadan y convierten algunos como las legumbres en mucho más digeribles, reducen la necesidad de añadir sal a las comidas (los minerales que contienen les dan un sabor salado) y aportan todos los matices del *umami*. Además, las propiedades nutricionales de las algas las hacen beneficiosas para la salud de los huesos y las articulaciones, el sistema de defensa del organismo, la prevención y curación del cáncer, las enfermedades cutáneas, la desintoxicación y el equilibrio del metabolismo.

Cómo usar las algas: las más fuertes, como el *kombu* y el *kelp*, quedan mejor con las sopas saladas si las añades al principio de la cocción, para que sus sabores puedan suavizarse y mezclarse con la sopa. Las más ligeras, como el *nori* y el *dulse*, pueden añadirse en cualquier momento durante la cocción, o incluso al final, como acompañamiento o aderezo. Aunque son muy versátiles y pueden utilizarse en casi cualquier receta de sopa, creo que los sabores de las algas funcionan especialmente bien en cremas de mariscos y estofados de sabores fuertes, y también en las sopas de legumbres y cereales (o fideos).

CÓMO GUARDAR LAS ALGAS

Una gran ventaja de las algas es que, a diferencia de los vegetales cultivados en la tierra, se venden deshidratadas, y de esta forma pueden durar años sin estropearse ni perder sabor o propiedades nutritivas. Puedo confirmarlo: hace dos años compré, con todo mi entusiasmo, casi medio kilo de *kelp* en gránulos. Y aunque aún no he sido capaz de gastar esta enorme cantidad, las algas siguen tan buenas como el día que las compré. Solo hay que tener la precaución de guardarlas en un recipiente cerrado para protegerlas de la humedad y mantenerlas fuera del alcance de la luz directa del sol.

Kombu

El *kombu* es un alga parda que se vende como ingrediente culinario en tiras deshidratadas. Esta alga ha estado presente de forma habitual en la sopa en Asia oriental durante milenios. Las algas pardas contienen abundantes antioxidantes, y su pigmento proviene de un inusual compuesto, la fucoxantina. Los estudios preliminares han revelado que la fucoxantina es excelente para combatir los problemas estomacales, desde las infecciones hasta el cáncer, y ha mostrado tanta eficacia como los antibióticos. El *kombu* es también un potenciador del metabolismo, y a menudo se vende como suplemento dietético para este propósito.

Kelp

Otra alga parda, el *kelp*, es una de las variedades de alga con mayor tradición de uso en la cocina. Contiene unos treinta minerales, pero es más apreciada por su impresionante contenido en yodo,lo que la convierte en un alimento extremadamente útil para la salud de la tiroides. Su sabor es bastante salado; por eso es más sencillo usarla en su presentación en polvo (o en gránulos) para controlar su intenso sabor.

Dulse

Es un alga roja que crece en aguas muy profundas y suele venderse en tiras deshidratadas. Por su textura y su sabor fuerte, me parece que los copos son la forma más conveniente para usar en sopas. Esta alga es uno de los superalimentos más utilizados en este libro. Tiene un potente efecto antivírico y es una excelente fuente de minerales traza como potasio, sodio, magnesio, calcio, zinc, cromo y otros.

Nori

Has acertado, el *nori* es la famosa alga que se utiliza para envolver y enrollar el *sushi*. A pesar de su color oscuro, que adquiere un tono verdoso cuando se presiona para formar láminas, el *nori* se considera, técnicamente, un alga roja.

Tiene un alto contenido en aminoácidos (proteínas) en relación con su peso y tamaño y minerales similares a los del alga *dulse*. Es una forma estupenda de darles sabor a carne a las recetas. Para añadirla a la sopa, puedes usar las mismas láminas de *nori* deshidratado con las que se envuelve el *sushi*.

Wakame

Aunque parece verde, el *wakame* es otra alga parda. En algunas culturas asiáticas suelen tomar esta alga las mujeres embarazadas y las que han dado a luz recientemente, por sus elevados niveles de calcio y yodo. Tiene un sabor fuerte y ligeramente dulce, y se envasa y se vende deshidratada. Ten presente que los copos de *wakame* aumentan considerablemente unos minutos después de añadirlos a la sopa. Te recomiendo que los partas en trozos antes de añadirlos a la olla para que los trozos sean más manejables, una vez hidratados.

VERDURAS DE HOJA VERDE

La regla fundamental de la comida saludable es «si es verde y comestible, seguramente es buena para ti». No hay novedades en este sentido. Las verduras de hoja verde son los superalimentos originales, los más saludables de entre los saludables. Y como conocemos sus virtudes, muchos de nosotros estamos buscando mejores formas de incorporar todavía más cantidad a nuestra alimentación, de ahí la popularidad de los ubicuos y maravillosos batidos verdes. Lo creas o no, las sopas son la mejor opción para una adición improvisada de verduras vigorosas que ayudan a aligerar los sabores pesados y a equilibrar la nutrición. Además, tanto si se mezclan como si se añaden en el último minuto, es emocionante ver con qué rapidez puñados del tamaño de una ensalada parecen encogerse dentro de las sopas, lo que te permite disfrutar el equivalente a una ración enorme de forma apetecible y manejable.

Beneficios y variedades: las verduras de hoja verde vienen cargadas de propiedades antiinflamatorias, desintoxicantes y potenciadoras del sistema inmunitario; contienen además nutrientes como las vitaminas A, C, E y K; ácido fólico; calcio; hierro; manganeso; proteína; fibra...: te quedarás sin aire antes de acabar de nombrar todos sus beneficios. Ricas en flavonoides, entre ellos la clorofila (alcalina) y el caroteno (antitumoral), estos potentes alimentos combaten la enfermedad y son también una fuente de actividad antioxidante. Son los alimentos más valorados por los dietistas, los científicos expertos en nutrición, los médicos y otros profesionales de la salud, independientemente de la doctrina que sigan. No se puede negar el poder del verde.

Felizmente, hay una gran cantidad de tipos de hortalizas verdes para escoger. Algunas de las mejores para la sopa incluyen la col kale, las espinacas, la rúcula, la acelga y los berros. Otros vegetales con más cuerpo son las crucíferas como el repollo, las coles de Bruselas y el brócoli (todos ellos, conocidos alimentos anticancerígenos). Con cualidades medicinales incluso mayores, tienes a tu disposición las hierbas frescas como el perejil, el romero, el tomillo y el cilantro, cuyos potentes sabores son un indicio natural de sus fitonutrientes medicinales y protectores. (¿Alguna vez te has fijado en que los insectos y las plagas del jardín por lo general dejan en paz a las hierbas? Son los fitoquímicos en acción, protegiendo a las plantas del daño; por ti, hacen exactamente lo mismo). Y por último, están los germinados (de girasol y hierba de trigo, por ejemplo), que contienen elevados valores de micronutrientes, especialmente si se comparan con la planta en su estado maduro.

Cómo usar las verduras de hoja verde: Con la excepción de un par de cualidades protectoras de las hierbas frescas y las crucíferas, la mayoría de los nutrientes de las hortalizas verdes son bastante sensibles a la degradación por el calor, por lo que es mejor cocinarlas en recipientes que permitan una cocción mínima, o simplemente no cocerlos. Para preservar sus nutrientes, añade estos ingredientes al final de la cocción o mézclalos en salsas como el pesto (antes

de añadirlos a la sopa); pica en trozos finos las hierbas y los brotes y úsalos como aderezos refrescantes, o añade tu variedad verde favorita a una sopa fría. Con esto no quiero decir que estos alimentos tendrán mal sabor si los hierves mucho, pero lo que sí puedes esperar es que pierdan una buena parte de las cualidades que los definen como superalimentos.

Mención de honor: algas verdes

Aunque no son exactamente verduras, las algas verdes consideradas superalimentos, como la espirulina y la *chlorella*, se encuentran sin duda entre los mejores superalimentos que puedes tomar. En la espirulina, los nutrientes están tan concentrados que para igualar el beneficio nutricional de consumir 3 g de esta alga verde-azul, tendrías que comer medio kilo de frutas y verduras. Energizante, desintoxicante, potenciadora

del sistema inmunitario...: la lista de cualidades superlativas que describe el impacto saludable de estas algas es inacabable.

Las algas espirulina y *chlorella* se prestan a múltiples usos culinarios (en batidos, salsas y aliños, por ejemplo), pero su uso en sopas es, tengo que admitirlo, limitado. Las algas no pueden cocinarse o exponerse al calor durante mucho tiempo sin alterar sus beneficios nutricionales. Así que para preservar dichos beneficios, te sugiero que las uses en sopas verdes frías (o en sopas frías que no sean verdes, si no te importa el aspecto que tengan) o que las mezcles con salsas para aderezo y las añadas luego sobre la sopa caliente. Puesto que las algas son uno de los superalimentos favoritos de toda la vida, las he incluido en unas pocas recetas de este libro, pero no las encontrarás en demasiadas debido a sus limitaciones culinarias.

SUPERBAYAS

Al pensar en sopa, a nadie le viene a la cabeza la fruta, excepto cuando pensamos en el tomate del gazpacho. Y aunque hay muchas bayas que no pasan la prueba, sorprendentemente, hay unas pocas variedades que no solo quedan bien en una

receta salada y caliente, sino que pueden quedar estupendamente. En lo que se refiere a las sopas, estos superalimentos cumplen dos propósitos: añaden muchísimas cualidades nutritivas, por supuesto, pero también suman sabores únicos, a veces incluso un sutil sabor dulce que puede sustituir al azúcar refinado. ¿Endulzar con superalimentos? Sí, esta es una solución utilizada hoy en día.

Beneficios y variedades: de la fruta se dice a menudo que es una golosina natural. Esto siempre me hace reír: ¡si cada golosina real tuviera solo una centésima parte de los beneficios de las frutas...! Todas estas contienen su propio depósito de vitaminas y antioxidantes. «Superfrutas» como las bayas son una versión más pequeña, baja en calorías y con mayor concentración de esos nutrientes. En este libro se utilizan distintas bayas, pero todas comparten una característica: su longevidad. Lo creas o no, una vez hayas hecho tu inversión inicial en superfrutas (puedes ver la lista que sigue), puedes relajarte y disfrutar durante meses de su larga duración y sus beneficios.

Cómo usar las superbayas: Las superbayas como las de goji (que están omnipresentes en este libro) y las uvillas quedan bien en casi cualquier sopa que acepte un poco de sabor dulce. Otras superbayas, como el camu camu y el espino cerval de mar, tienen que usarse más selectivamente (es decir, en sopas crudas o poco cocinadas) para preservar sus considerables beneficios nutricionales.

Bayas camu camu

Estas bayas son parecidas al arándano. Proceden de las llanuras inundables amazónicas anexas a los ríos. En los países occidentales suelen venderse en polvo, es raro encontrarlas en los menús debido a su sabor amargo. Su contenido en azúcar es extremadamente bajo (¿dije ya que es amarga?), pero lo que le falta a esta baya en sabor lo compensa con un importante nutriente: vitamina C. Las investigaciones han demostrado que el camu camu es, de todos los alimentos, la fuente natural más concentrada de esta vitamina antiinflamatoria, tanto que una pizca puede proporcionarte casi tus requerimientos diarios. No puedes cocinarla porque sus propiedades nutricionales se perderían, pero es un excelente ingrediente que puedes añadir a las sopas frías y a las salsas crudas.

Bayas de goji

Esto puede resultarte sorprendente: las bayas de goji deshidratadas pueden ser uno de los mejores superalimentos para añadir a la sopa. Aunque son una fruta (una pequeña baya que, fresca, se parece a un tomate Roma y tiene el tamaño de un guisante), solo son ligeramente dulces, con un espectro de sabor que incluye notas de tomate, cítrico, pimienta y ahumado. Según los cálculos de todo el mundo, se trata de uno de los mejores superalimentos, muy completos, con proteínas de alto valor, carbohidratos de bajo índice glucémico y abundantes antioxidantes concentrados en una baya diminuta. Existen estudios que apoyan el poder de las bayas de goji para potenciar la salud de los ojos, el cerebro y el corazón, así como para mejorar la memoria (y ayudar a prevenir la enfermedad de Alzheimer). Incluso contribuyen en el mantenimiento de la salud de la piel desde dentro hacia fuera, gracias a sus poderosas cantidades de agentes protectores y antienvejecimiento, como el caroteno.

En lo que se refiere al espectro de sabores, las bayas de goji abarcan todos desde el dulce hasta el salado, y quedan especialmente bien con las sopas con base de tomate y las recetas preparadas con verduras de verano, calabazas de otoño y legumbres. Por lo general, encontrarás estas bayas deshidratadas.

Uvillas

Contienen una verdadera explosión de sabores dulces y ácidos. El sabor de las uvillas secas es fuerte y hay que matizarlo con sabores complementarios para que no predomine sobre el resto. Guardan una estrecha relación con los tomatillos (esos tomates verdes con cáscara que algunas veces puedes encontrar en el mercado en las temporadas de calor) y reciben muchos nombres distintos (como

aguaymantos y uchuvas). Constituyen una excelente fuente de vitaminas A y C, y son famosas por sus propiedades antiinflamatorias. Contienen quercetina biodisponible (un flavonoide usado para tratar afecciones como la aterosclerosis, el colesterol elevado, las enfermedades coronarias, el asma y las infecciones víricas). Gracias a esta nutrición restauradora, las uvillas se usan para mejorar el rendimiento atlético y reducir el tiempo de recuperación tras el esfuerzo.

Si son secadas al sol, duran un año aproximadamente (y son mucho más baratas que las frescas). Su mejor papel lo representan en las sopas de verano, que agradecen un poco de fruta o conservas agridulces (*chutneys*) como aderezo.

Espino cerval de mar

También conocidos con el nombre de bayas marinas, estos increíbles frutos crecen muy bien en lugares costeros, tal como su nombre sugiere. Se encuentran en ramas espinosas de las que cuelgan pesados racimos, una imagen llamativa por su intenso color naranja, saben a cítrico con un toque de miel (aunque el zumo es más ácido que dulce, el sabor queda equilibrado con una textura cremosa).

Esta baya contiene muchos de los nutrientes de otras variedades de bayas, como vitaminas A y C, pero es excepcional por su contenido en ácidos grasos. De hecho, es una de las pocas frutas que contienen ácidos grasos omega-3, omega-6 y omega-9, así como el excepcionalmente inusual omega-7 (el ácido más nuevo de la familia, que está haciéndose conocido por sus efectos positivos sobre los niveles de colesterol, la salud del hígado, el peso y la protección contra la diabetes tipo 2). Probablemente es un producto nuevo para la mayoría de las despensas, pero se usa de forma generalizada en la industria de la belleza como poderoso agente antienvejecimiento y en lociones de lujo, por el acabado brillante que brinda, además de como tratamiento de belleza.

Con la misma o más capacidad para embellecernos desde dentro hacia fuera, el espino cerval de mar es sin duda alguna un valioso ingrediente para la sopa. Es particularmente delicioso en las sopas delicadas y cremosas, así como en las de frutas matizadas con cítricos.

Mención de honor: granada

Las granadas son un superalimento milagroso: no solo saben genial (¿quién puede resistirse a la explosión de sabor dulce-ácido de sus semillas?) sino que además son una poderosa medicina, con cantidades elevadas de micronutrientes como potasio, vitamina K, vitamina C y compuestos especiales como punicalaginas (antioxidantes) y ácido punícico (un tipo de ácido linoleico conjugado, considerado como un ácido graso «bueno»).

El consumo habitual de la granada, con sus propiedades antiinflamatorias, se considera útil para reducir la presión arterial, prevenir el cáncer y combatir numerosos tipos de células cancerosas (incluidas las del cáncer de mama y el de próstata), aliviar el dolor articular y la artritis y mejorar la memoria. Aunque nutricionalmente la granada es más útil cruda que cocinada, y no es el mejor ingrediente para la sopa, las semillas frescas son un superalimento maravilloso para las sopas de raíz y tubérculos, así como para las elaboradas a base de calabaza (ver la página 154 para preparar una sopa festiva de caquis y enamorarte). Esparce las semillas justo antes de servir la sopa como parte de la presentación, para potenciar la salud e incorporar una sorpresa deliciosa.

SUPERRAÍCES

Si lo piensas, tiene todo el sentido que las raíces sean tan potentes, ya que son como antenas al revés que se extienden hacia el nutritivo suelo y actúan como imanes para absorber toda la humedad y los nutrientes del sustrato para luego transferirlos hacia arriba, a las hojas de la planta. Todas las raíces y tubérculos comestibles (zanahorias, chirivías, nabos, rábanos y tantos otros) son muy sanos —algunos son totalmente medicinales y han disfrutado de una larga historia de uso tradicional en la cura de innumerables enfermedades—. Las superraíces como la cúrcuma, el jengibre, la maca y el yacón son alimentos que llevan la nutrición a otro nivel de beneficio. También es gratificante descubrir qué fácil es usar todos estos alimentos deliciosos y vigorizantes y lo útiles que son para preparar sopas y darles sabor.

Beneficios y variedades: el patrón nutricional de la mayoría de las plantas sigue una fórmula similar: hay más vitaminas en la parte superior de la planta (en las hojas) y más minerales en la parte inferior (en las raíces), con antioxidantes en casi cualquier punto. Pero mientras que muchas superraíces son valoradas por su elevado contenido en minerales como el hierro y similares, se conocen mejor por los extraordinarios compuestos vegetales que también contienen, conocidos como fitoquímicos. Estos compuestos elevan sustancialmente el valor de las superraíces como el jengibre y la maca, no solo porque son unos ingredientes estupendos para crear sopas atractivas, sino porque también pueden ayudar de verdad a sanar y proteger nuestro cuerpo.

Cómo usar las superraíces: con la excepción del yacón, cada una de las superraíces usadas en las recetas de este libro tienen un sabor bastante fuerte y no son el tipo de raíz que usarías con el mismo criterio que, por ejemplo, las zanahorias. La idea es emplearlas como harías con las hierbas frescas, para equilibrar y reforzar algunos sabores; quedan especialmente bien con los cereales, los tubérculos y las sopas grasas. El yacón es un poco más flexible, y puedes añadirlo a casi cualquier sopa que necesite un ligero sabor dulce.

Jengibre

El sabor único del jengibre, picante, dulce y con notas florales, lo convierte en uno de los condimentos más usados del mundo. Pero el jengibre es mucho más que un sabor

DIFERENCIAS ENTRE UNA RAÍZ Y UN TUBÉRCULO

Las raíces están directamente conectadas a la planta y sirven como vías de circulación para los nutrientes y la humedad, desde la tierra hasta las hojas. Ejemplos de vegetales de raíz son la zanahoria, la remolacha y los rábanos. Por el contrario, los tubérculos no están directamente conectados a la planta. En cambio, están conectados a un sistema de raíces mediante un tallo subterráneo, y sirven de sistemas de almacenaje para nutrientes y humedad de reserva. Algunos tubérculos conocidos son las patatas, el boniato y la jícama (una especie de nabo que crece en México).

agradable. Un vistazo a sus cualidades terapéuticas deja claro que, de hecho, es un superalimento auténtico. Bravo por este superalimento que muchos de nosotros ya utilizamos y adoramos.

A través de la historia, se ha afirmado que el jengibre calma innumerables males y estudios científicos recientes han confirmado esta antigua creencia. Como otros superalimentos medicinales (por ejemplo, las hierbas frescas o las setas chaga), los principios curativos más importantes del jengibre no se encuentran en los micronutrientes que contiene, como la vitamina A y el calcio, sino en sus compuestos fitoquímicos, llamados metabolitos. Estos compuestos hacen del jengibre un poderoso antioxidante y antiinflamatorio, que además combate las náuseas y el cáncer. Así que a pesar de ser una raíz pequeña, es poderoso en sabor y función. Es mejor usarlo fresco en las sopas, en las que su sabor delicioso y sus efectos revigorizantes pueden disfrutarse de formas innumerables.

Maca

La maca es una categoría de superalimento en sí misma. Es una planta increíble que crece muy bien en las tierras altas de los Andes peruanos, un lugar donde muy poca vegetación es capaz de sobrevivir. La maca es valorada como planta adaptógena (un alimento que se adapta y ajusta a las necesidades biológicas de tu cuerpo, ayudándote a equilibrar los niveles de estrés, las hormonas, el deseo sexual y la energía general). Cuando tenía veinte años, la maca fue uno de los primeros superalimentos que utilicé, y a esta increíble raíz le debo en gran medida la recuperación de los síntomas del síndrome de fatiga crónica que

sufría. En los países occidentales suele encontrarse en forma de polvo, que les da un sabor a malta, ligeramente dulce y con matices a tierra a las sopas. Es un ingrediente especialmente adecuado para las recetas preparadas con otras raíces.

Cúrcuma

Conocida por su intenso color amarillo y por su sabor floral con notas de pimienta y jengibre, a la vez que amargo y suave, la cúrcuma se ha usado desde antiguo como especia en la cocina, así como en la medicina ayurvédica. Su característica más importante es su concentración de curcumina, un antioxidante tan potente en beneficios antiinflamatorios que se vende como la versión natural del ibuprofeno. La curcumina también es lo que hace a la cúrcuma tan prometedora como alimento anticáncer, ya que ayuda al cuerpo a destruir las células que han mutado. El uso curativo de la cúrcuma se ha generalizado, y muchos la consideran un superalimento fundamental. La encontrarás en las sopas de influencia oriental (si contienen jengibre, a menudo va acompañado de cúrcuma), y como su sabor es suave, en pequeñas dosis (media cucharadita o menos), puedes añadirla a todos los tipos de sopa para que adquieran cualidades curativas. Cada vez es más fácil encontrar cúrcuma fresca en algunas tiendas (a menudo al lado del jengibre), pero puedes usarla en polvo, que es igual de eficaz y beneficiosa en las sopas, además de que resulta más económica.

Yacón

El yacón, el tubérculo de una resistente planta perenne que crece en Perú, ha sido apreciado desde hace tiempo por sus cualidades medicinales, como sus efectos beneficiosos en la diabetes. La raíz se toma entera, cortada en rojadas como tentempié o como jarabe, que puede emplearse como endulzante natural. Pero lo que hace tan especial al yacón (por encima de su alto contenido en aminoácidos, potasio, calcio, fósforo y hierro) es su concentración de inulina, un tipo de endulzante apto para diabéticos y un prebiótico. Los prebióticos son las fibras dietéticas indigeribles contenidas en los alimentos que comemos y que ayudan directamente al crecimiento y funcionamiento de los probióticos (los probióticos promueven el desarrollo de las bacterias saludables en el tracto digestivo y sirven de alimento para los distintos tipos de bacterias beneficiosas que nuestros cuerpos necesitan para estar sanos). Las rodajas de yacón deshidratado saben a manzana ahumada y son geniales como aderezo de las sopas, o también pueden hervirse con otros ingredientes para que liberen su impresionante sabor en la sopa. El jarabe de yacón es un excelente ingrediente de bajo valor glucémico para las sopas que necesitan un extra de sabor dulce; se puede añadir a las sopas de calabaza y chile, como estallido final de sabor.

SUPERSEMILLAS

Nada te llevará más rápido a Comidistas Anónimos que una buena selección de semillas culinarias en las estanterías de tu despensa (o si eres como yo, tus semillas estarán en exposición en tarros de cristal a lo largo de la encimera). Hazles un hueco en tu cocina, porque cuando las descubras vas a querer tomar esta humilde clase de alimento todos los días. Son los superalimentos más pequeños, pero que contienen algo muy grande y poderoso.

Beneficios y variedades: si te paras a pensarlo, las semillas son algo bastante extraordinario, los huevos del mundo vegetal: contienen todas las proteínas, grasas, fécula y micronutrientes necesarios para hacer crecer una planta completa. En lo que se refiere a sus beneficios nutricionales, las semillas son como frutos secos cargados de esteroides (si los esteroides pudiesen hacerlos más poderosos pero más pequeños, en lugar de más grandes). Todas las semillas tienen al menos alguna proteína y fibra, pero cada supersemilla posee sus propias características distintivas, tanto en sabor como en beneficios para la salud.

Cómo usar las supersemillas: la quinoa y el amaranto tienen que cocinarse antes de comerlos. La mejor forma de prepararlos es echarlos al caldo con el resto de los ingredientes y cocerlos hasta que estén tiernos (después de unos 15-20 minutos). Aunque las supersemillas pueden sustituir a la pasta (en lo que se refiere a la textura almidonosa), son especialmente buenas para el chef despistado que suele olvidarse del tiempo: a diferencia de la pasta, no quedan blandas si se cuecen demasiado. En cuanto a sus aplicaciones culinarias, el cielo es el límite para las semillas de chía y de cáñamo. Estas pequeñas fuentes de energía aportan textura a las recetas sin afectar a su sabor general y añaden una cremosidad sutil cuando se mezclan con el plato. Si no has usado supersemillas antes, empieza por lo fácil (echa unas cuantas semillas de cáñamo o de chía sobre las sopas, a modo de aderezo natural).

Quinoa

Puede parecer un cereal, pero la quinoa (sin contenido en gluten) es una pequeña semilla, deliciosa y con un gran potencial y cuerpo. La quinoa no solo sabe bien; contiene además 8 g de proteínas completas en cada taza cocida, fibra y una amplia variedad de minerales, entre los que se encuentran el magnesio y el zinc. Es también una fuente particularmente buena de manganeso (excelente para la salud de la piel, ya que es esencial para la producción de colágeno, la proteína que se encuentra en tejido conjuntivo, responsable de la salud de las articulaciones y de la elasticidad de la piel).

Amaranto

Por si el contenido de proteínas de la quinoa no fuera bastante, aquí está el amaranto para superarlo, con 9 g de proteínas completas por cada taza cocinada, además de los aminoácidos esenciales. Este antiguo alimento azteca ofrece una verdadera fuente de micronutrientes, como hierro, potasio, zinc, cobre y vitamina B_6. El amaranto es aún más pequeño que la quinoa y cuando se hierve en agua, crea un espesor parecido al de las gachas que es excelente para las sopas sustanciosas.

Chía

Esta semilla del tamaño de una cabeza de alfiler es la encarnación del superalimento: puede ser diminuta, pero es un auténtico estallido de nutrición. La chía es bien conocida por su excepcional contenido en omega-3 (ocho veces la cantidad del salmón, en 30 g) y minerales como el calcio (hasta siete veces la cantidad de la leche). Bastan dos cucharadas soperas de chía para proporcionarte los requerimientos diarios de fibra y 4 g de proteína completa. Los fitonutrientes de la chía también son impresionantes, incluyendo la quercetina, con propiedades antiinflamatorias, y los ácidos

DÓNDE CONSEGUIR SUPERALIMENTOS

A medida que la bien merecida fama de los superalimentos sigue creciendo, es más fácil encontrar estos increíbles ingredientes en todo el mundo, en todo tipo de comercios. Las ecotiendas de productos orgánicos suelen tener los superalimentos de esta lista, y cada vez más, los supermercados convencionales también ofrecen algunos de ellos. Si tienes problemas para encontrar superalimentos en tu zona, es fácil comprarlos por Internet. Te he preparado una lista de mis sitios favoritos en «Guía para comprar ingredientes», en la página 257.

clorogénico y cafeico, ambos conocidos como elementos reforzantes del metabolismo. Apenas tiene sabor, así que puede añadirse a casi cualquier tipo de plato. Estas semillas son un poco crujientes cuando se utilizan directamente como aderezo, pero si se mezclan con el líquido al cocinarlas o al añadirlas al servir, se hinchan y espesan la sopa sin añadir calorías.

Cáñamo

¿Quién hubiera pensado que una de las mayores fuentes de proteínas podía encontrarse en una humilde y pequeña semilla? Como habrás visto después de leer esta sección, las semillas son una de las fuentes más densas de proteínas que la naturaleza produce, y el cáñamo está al principio de la lista, con 5 g de proteínas completas en solo una cucharada sopera y media. La proteína del cáñamo es alcalina y fácilmente digerible (nunca te dará sensación de pesadez después de comerla), y aún mejor, el cáñamo se obtiene de cultivos resistentes a la sequía, ecológicos (una característica medioambiental de la que muy pocas fuentes de proteínas pueden presumir). Como la chía, el cáñamo es también una fuente excepcional de omega-3, así como de GLA (un tipo infrecuente de omega-6 que se considera extremadamente útil

para muchas afecciones inflamatorias de la piel, las articulaciones y el cerebro). El cáñamo también es generoso con sus minerales, ya que ofrece buenas cantidades de hierro, magnesio, potasio y zinc. Suave y gomoso, es fácil enamorarse de su sabor, parecido al de las semillas de girasol.

Mención de honor: cacao

Lo creas o no, en realidad el cacao es una semilla de tamaño grande (aunque erróneamente se le llama vaina de cacao). Y más sorprendente aún, esa forma cruda de chocolate puede utilizarse como un maravilloso ingrediente para la sopa. El cacao, o chocolate *de verdad*, como me gusta llamarlo, es una megafuente de minerales (como el magnesio y el hierro) y proporciona abundantes antioxidantes que protegen el corazón, la piel y el cerebro (todas ellas buenas razones para colocar al cacao en la categoría de los mejores en las listas de superalimentos).

Mucho antes de que se utilizara como ingrediente para las tabletas de chocolate que todos conocemos y disfrutamos, el cacao se apreciaba como fuente de energía en las antiguas culturas de América Central, donde se cultivaba, se mezclaba con agua caliente y especias y se bebía, sin endulzar. Este brebaje podía considerarse una bebida, pero creo que se parece más a una sopa. Dejando de lado las cuestiones semánticas, el polvo de cacao es un elemento saborizante delicioso que puede añadirse en pequeñas cantidades a una sopa o un guisado, sobre todo a aquellos con una base de tomate, que incluyan legumbres como ingrediente principal o que tengan un estilo mexicano, como el chile. Lo uses como lo uses, el cacao es un divertido ingrediente «secreto».

SUPERCEREALES

Afortunadamente, los cereales se encuentran entre los superalimentos más baratos y añaden una base apetitosa y sustanciosa a una buena cantidad de sopas. Son uno de los alimentos cultivados desde más antiguo, y hay miles de variedades en el mundo, aunque solo son unos pocos los que se encuentran en los mercados convencionales occidentales. Muchos de los cereales que empleamos son variedades híbridas, creadas mediante injertos naturales (una práctica distinta de la modificación genética), con la intención de producir un tipo de cultivo más resistente a las plagas, con cosechas mayores y que sean del gusto del consumidor contemporáneo. En otras palabras, el trigo usado hoy en la harina de trigo integral no es la misma variedad de cereal que los egipcios cultivaban tan cuidadosamente. Se entiende entonces por qué los cereales con un pedigrí tan antiguo son tan valiosos. Simplemente están más cerca de la forma en que la naturaleza los creó, antes de que los hibridáramos y contamináramos su composición original.

Las variedades antiguas de cereales son más recias que sus equivalentes actuales, a menudo con cantidades mucho mayores de los nutrientes que parece tan difícil obtener en la dieta estándar en los países occidentales. En otras palabras, estos son los supercereales, los mejores de su clase, con la mayor cantidad de nutrientes. A medida que se han vuelto más populares, están apareciendo nuevas variedades de supercereales en el mercado. En aras de la simplicidad, he usado solo unos pocos en las recetas de este libro, pero te animo a conocerlos todos y a disfrutar de los beneficios de incorporarlos a tu dieta. Son un añadido fantástico a las sopas.

Beneficios y variedades: cuando pensamos en proteínas, los cereales no son lo primero que nos viene a la mente, pero deberían. Los cereales no procesados y, en particular, las variedades antiguas, son verdaderamente excelentes fuentes de proteínas (por ejemplo, el pan de sándwich que tengo en casa está hecho con cereales integrales, y contiene 6 g de proteínas en cada rebanada). Las variedades antiguas de grano también contienen excelentes niveles de fibra dietética, vitaminas del grupo B (la espelta y el farro, ambos considerados trigo tradicional, contienen un cincuenta por ciento más de folato que las variedades actuales de trigo, por ejemplo), así como minerales como selenio, potasio, fósforo y calcio. A menudo son ricos en antioxidantes y hace tiempo que se consideran alimentos saludables para el corazón.

Cómo usar los supercereales: lo genial de los supercereales es que puedes usarlos en recetas, como los cereales habituales, así que intercámbialos como te apetezca. Y aunque en algunas recetas se indica que se utilicen cereales precocinados (como el sorgo, que requiere casi una hora de cocción para que esté tierno), la mayoría de los supercereales pueden añadirse crudos a las recetas. Déjalos hervir a fuego lento con el resto de los ingredientes, y le aportarán un gran sabor al caldo a medida que se cuecen. Alternativamente, si quieres elaborar un plato más sustancioso, puedes preparar cereales con antelación, como guarnición, y servirlos junto a la sopa.

Farro

Uno de los supercereales antiguos más populares es el farro, una forma primitiva de trigo muy apreciada por su textura gomosa y su sabor parecido al de la nuez. El uso del farro se remonta a la época del antiguo Egipto (incluso se ha encontrado en tumbas de faraones, una casualidad fonética). El farro en realidad comprende tres tipos de cereales (igual que hay distintas variedades de arroz): la escanda —la variedad más pequeña de farro—, el trigo silvestre o salvaje —de tamaño medio— y la espelta —el tipo más grande, con frecuencia llamado simplemente farro—. Si esta clasificación te parece confusa, no eres el único: el etiquetado puede ser algo problemático. Estos días, el farro/espelta se vende como una variedad sin cáscara, lo que acorta mucho el tiempo de cocción, ya que puede añadirse a la sopa en el último minuto, sin ponerlo a remojo la noche anterior.

Sorgo

Este grano redondo sin contenido en gluten tiene el aspecto de un cuscús no integral. Su sabor es neutro y algo dulce, y se ha usado como ingrediente de cocina desde el 8000 a. de C. Muchos ecologistas tienen la vista puesta en este cereal, al que a veces se llama «el camello de los cultivos» o el cultivo del futuro por su resistencia y la escasa cantidad de agua que requiere para crecer (sobre un tercio de lo que necesita el maíz).

Nutricionalmente, el sorgo está a la par de la quinoa: ofrece un alto valor en proteínas, así como nutrientes antioxidantes y antiinflamatorios. Es una gran opción en lugar de otros tipos de cereales, e incluso puede hincharse a la manera de las palomitas.

Freekeh

Este es el nombre del trigo duro (generalmente *durum*) que se cosecha cuando la planta aún es joven y verde y luego se tuesta y se rompe. Su textura gomosa y parecida a la cebada te enamorará con facilidad, y sus beneficios son numerosos. Puesto que se cosecha cuando la planta es joven, contiene mayores niveles de proteínas y micronutrientes más fácilmente digeribles que los de la planta madura. Pero de las muchas características saludables de este cereal, quizás la más conocida sea su increíble contenido en fibra, dos veces la cantidad de la quinoa y tres veces la del arroz integral. Esta fibra, además de una forma única de almidón resistente (un carbohidrato que pasa por el tubo digestivo sin digerir), convierte al *freekeh* en un alimento especialmente útil para favorecer la digestión, equilibrar la concentración de azúcar en la sangre y asegurarse una sensación de saciedad de larga duración, una ventaja para cualquiera que esté intentando mantener un peso óptimo.

Mención de honor: trigo sarraceno

A pesar de su nombre, no tiene nada que ver con el trigo. En realidad es una semilla, aunque habitualmente se clasifica como cereal. Es excepcionalmente fácil de digerir y, con casi 6 g de proteínas y elevadas cantidades de fibra y hierro por ración, es comprensible por qué mantiene su prestigio como alimento saludable. Aunque no suele usarse en sopas (es un poco más almidonado que, digamos, el sorgo), es un gran ingrediente para usar en las gachas. También puedes utilizar fideos de trigo sarraceno, que les dan un suave sabor a nuez a tus platos, muy agradable en las sopas con aires orientales.

Para saber cómo hemos de tomar un superalimento, crudo o cocinado, es clave conocer cómo el calor afecta a sus diferentes componentes nutricionales. Por ejemplo, el camu camu en polvo es valorado por su elevado contenido en vitamina C, lo que significa que es mejor no calentarlo. El cacao tiene un impresionante contenido en minerales, además de polifenoles, así que aunque las temperaturas elevadas pueden afectar al poder de sus antioxidantes, todavía ofrece numerosos beneficios, tanto crudo como cocinado. La maca es rica sobre todo en minerales, por lo que puede cocinarse de cualquier modo, aunque sabe mucho mejor en sopas.

Lo más importante es que en realidad no hay un método mejor o peor (cocinado o crudo) para preparar los alimentos, en general, cuando se trata de conseguir las mejores condiciones de aporte nutritivo; hay que considerar cada ingrediente individualmente.

Pero no es difícil maximizar los resultados (y sin duda no hay que preocuparse). Para conseguir los mayores beneficios de los superalimentos de este libro (nutrición, digestibilidad, etc.), simplemente usa la guía de la página 60 para tus futuras aventuras culinarias saludables.

OTROS SUPERALIMENTOS

Con nuestro creciente deseo de longevidad, juventud, sanación y aumento de energía, innumerables alimentos, antiguos y recientes, se presentan como la nueva panacea. Y solo porque no están incluidos en estas páginas, no significa que no debas probarlos. De hecho, espero que este libro te sirva como punto de partida para explorar y experimentar las fronteras ilimitadas de un estilo de vida saludable que incluya los superalimentos. Si tienes curiosidad por probar otros además de los que te he mencionado, aquí tienes algunos superalimentos y hierbas medicinales adecuados para sopas:

- Albahaca sagrada (*tulsi*).
- Algas (otras variedades como el arame o la postelsia).
- Aloe vera.
- *Ashwagandha*.
- Astrágalo.
- Bayas del café.
- Grano de terciopelo (*Mucuna pruriens*).
- *He shou wu*.
- Setas medicinales (otras variedades como la melena de león o la cola de pavo).
- Moringa.
- Raíz de bardana.
- Rhodiola.
- Salvado de arroz (tocos).
- Semillas de lino.
- Semillas de sacha inchi.

CÓMO AFECTA LA COCCIÓN DE LOS SUPERALIMENTOS A SUS PROPIEDADES NUTRITIVAS

En algunos aspectos, la nutrición no es tan sencilla como acostumbraba a ser. Da la impresión de que cuanto más aprendemos, más complicado es interpretar todo lo que tiene que ver con los micronutrientes y sus efectos sobre el organismo. Por esta razón, muchos estamos, lógicamente, interesados en cómo ciertos nutrientes interactúan con el calor durante la cocción. Es comprensible que si estás gastando una buena cantidad de dinero en algunos de estos espectaculares superalimentos, quieras beneficiarte de las ventajas nutricionales por las que estás pagando. Pero antes de especificar qué superalimentos pueden cocinarse, la gran pregunta que se plantea es qué les ocurre a los nutrientes cuando se cocinan.

Macronutrientes (carbohidratos, proteínas, grasa, fibra). El contenido numérico de todos los macronutrientes no se altera, independientemente del método de preparación, tanto si comporta cocción como si no. Ten en cuenta que algunas grasas se oxidan antes que otras. Cocinar un superalimento que contiene grandes cantidades de ácidos grasos omega, como la chía, por ejemplo, es correcto, siempre que la temperatura de cocción no sea demasiado elevada. Los expertos no se ponen de acuerdo en la temperatura exacta, pero la idea general es que para los ingredientes con alto contenido en ácidos grasos esenciales, debería ser menor de 200 °C.

Vitaminas. Este tipo de micronutrientes son algo más sensibles comparados con, digamos, los minerales. Algunas vitaminas liposolubles, como la vitamina A, son relativamente resistentes al calor y pueden tolerar el agua hirviendo. Sin embargo, otras, como la vitamina C soluble en agua, son muy sensibles al calor (y es más, también a la luz y al aire) y una vez expuestas empiezan a degradarse rápidamente. Es importante tener presente que el nivel al que estos nutrientes empiezan a resultar afectados depende de la temperatura y también del método que se siga para cocinar: pasar por la sartén durante dos minutos un alimento rico en vitamina C no necesariamente «mata» todas las vitaminas de inmediato, solo se perderá un porcentaje, y se perderán mayores cantidades cuanto más tiempo se cocine el alimento, como suele ocurrir con las sopas cocinadas a fuego lento. La pérdida de vitaminas del grupo B durante el tiempo de preparación al fuego también varía, pero la mayoría de ellas soportan bien el calor, con las escasas excepciones de la riboflavina, el folato y el ácido pantoténico.

Minerales. Los minerales son el grupo de micronutrientes más fáciles de entender en los dominios de la relación de los nutrientes con el proceso de cocinado (aunque los minerales son más difíciles de obtener más allá de los alimentos muy densos en nutrientes, como los superalimentos). No resultan en absoluto afectados por el calor durante el proceso de preparación.

Antioxidantes. Aquí es donde la nutrición se complica. Algunos antioxidantes, como los polifenoles, se destruyen rápidamente cuando se exponen a temperaturas superiores a los 200 °C. Otros, como el licopeno, en realidad muestran mayores niveles de absorción cuando se calientan, lo que explica la creencia de que los tomates cocinados son más «saludables» que los crudos. En líneas generales, a menos que necesites un tipo particular de antioxidante, la frase «ganas unos, pierdes otros» resume bastante bien el efecto de la cocción sobre ellos.

SUPERALIMENTOS DE COLOR NEGRO

Si quieres saber cuál es el «último grito» en nutrición, te diré que el color negro marca tendencia. La mayoría de los alimentos naturales tienen todo tipo de presentaciones y variedades, aunque solo una parte llega al consumidor. Por suerte, esto está cambiando con el movimiento a favor de los alimentos sin procesar, que defiende el respeto por todos los tipos de cultivos, intentando incrementar el número de opciones que puedes poner en tu plato de comida. Entre estos distintos cultivos, algunas veces puedes encontrar variedades negras que saben igual que sus iguales de colores diferentes, pero ofrecen beneficios únicos. Incluyen el arroz negro («prohibido»), además de las lentejas, la quinoa, las judías y las semillas de sésamo, las zanahorias y los rábanos. Cuando ves este color en la naturaleza, lo que en realidad estás viendo es un superalimento mejorado: una presencia muy importante del antioxidante antocianina, un tipo de flavonoide o pigmento vegetal. Se cree que las antocianinas son responsables del pigmento azul de los arándanos y de las uvas. Cuando su concentración en una vaina o semilla es muy elevada, el fruto o el cereal parece de color negro (y eso explica por qué el agua se vuelve ligeramente púrpura después de poner en remojo el arroz negro). Las antocianinas se encuentran entre los antioxidantes anticancerígenos más estudiados de nuestro tiempo, y se han relacionado además con una larga lista de beneficios, incluidos la salud del corazón y de la piel, así como con una influencia positiva en la resistencia atlética. Posiblemente no notarás mucha diferencia de sabor entre los cereales o las verduras negras que comas; sin embargo, los alimentos negros son la forma en que la naturaleza anuncia: «Aquí tienes la versión enriquecida».

GUÍA PARA COCINAR CON SUPERALIMENTOS

SUPERALIMENTO	TIPO	TÉCNICA
Hierba de trigo en polvo	Vegetal verde	Usar en sopas frías o como guarnición (no calentar)
Amaranto	Supercereal	Tiene que cocinarse, pero puede utilizarse en sopas frías o calientes
Bayas de goji	Superbaya	Usar en sopas frías o calientes o como aderezo
Camu camu	Superbaya	No cocinar. Usar en sopas frías o como aderezo
Chaga	Seta medicinal	No calentar a más de 200 °C. Usar en sopas frías o calientes o como aderezo
Chía	Supersemilla	No calentar a más de 200 °C. Usar en sopas frías o calientes o como aderezo
Cordyceps	Seta medicinal	Usar en sopas frías o calientes
Crucíferas	Vegetal verde	Mejor usar en sopas calientes o como aderezo
Cúrcuma	Superraíz	Usar en sopas frías o calientes
Dulse	Alga	Usar en sopas frías o calientes o como aderezo
Espino cerval de mar	Superbaya	Usar en sopas frías o calientes o como guarnición
Espirulina (o chlorella)	Alga	Usar en sopas frías o como guarnición
Farro	Supercereal	Tiene que cocinarse, pero puede utilizarse en sopas frías o calientes
Freekeh	Supercereal	Tiene que cocinarse, pero puede utilizarse en sopas frías o calientes
Germinados (brotes)	Vegetal verde	Usar como guarnición

SUPERALIMENTO	TIPO	TÉCNICA
Hierbas	Vegetal verde	Se pueden usar en sopas calientes, pero se mantienen más nutrientes si se añaden al final de la cocción. Pueden utilizarse en sopas frías o como guarnición
Jengibre	Superraíz	Usar en sopas frías o calientes
Maca en polvo	Superraíz	Mejor en las sopas calientes, pero puede usarse en las frías
Nori	Alga	Usar en sopas frías o calientes o como guarnición
Reishi	Seta medicinal	Usar en sopas frías o calientes
Semillas de cáñamo	Supersemilla	Usar en sopas frías o calientes o como aderezo
Semillas de granada	Superfruta	Usar en sopas frías o como guarnición
Shiitake	Seta medicinal	Usar en sopas frías o calientes
Sorgo	Supercereal	Tiene que cocinarse, pero puede utilizarse en sopas frías o calientes
Trigo sarraceno	Supercereal	Tiene que cocinarse, pero puede utilizarse en sopas frías o calientes
Uvillas	Superbaya	Usar en sopas frías o como aderezo
Verduras de hoja verde	Vegetal verde	Se pueden usar en sopas calientes, pero añadidas al final de la cocción, o en sopas frías o como guarnición
Yacón	Superraíz	Usar en sopas frías o calientes

EL VERDADERO PRECIO DE LOS INGREDIENTES

No hay tesoro más preciado que la salud.
—RALPH WALDO EMERSON

Vamos a poner a un lado las ventajas en cuanto al sabor y la salud de la sopa casera. No hay dudas: es más fácil abrir una lata de sopa para la cena. Pero ¿es más barato? Bueno, eso depende del precio que estés dispuesto a pagar. Permite que me explique.

Mucha gente mira la etiqueta de los productos en busca de la información nutricional. Este es un buen principio para convertirse en un consumidor consciente, pero es un poco parecido a examinar una enfermedad sin preguntarse por su causa. La verdadera historia de las recetas se encuentra en sus ingredientes, y en el caso de algunas sopas envasadas, puede sorprenderte bastante descubrir qué ingredientes contienen: jarabe de maíz con alto contenido en fructosa, fosfato monopotásico, aceite de soja parcialmente hidrogenado, saborizantes... Es sorprendente la cantidad de estos tipos de aditivos que se encuentran en estas conservas de forma habitual. Incluso la etiqueta de una sencilla sopa como la de tomate contiene una larga lista de conservantes, emulsionantes y colorantes artificiales, entre otros añadidos, que llevan a una lista igualmente larga de riesgos para la salud, desde reacciones alérgicas hasta desequilibrios en la reserva de minerales del organismo, e incluso cáncer. Este es un alto precio.

Por supuesto, hay muchas marcas alternativas que ofrecen una lista de ingredientes más saludable. Pero te alegrará descubrir que preparar tus propias sopas de superalimentos no solo es una inversión maravillosa en tu salud, sino que además es sorprendentemente asequible (incluso más asequible que preparar tus propios batidos). Es verdad que tal vez debas hacer un desembolso inicial, tal vez para llenar la despensa con una selección de superalimentos (a menos, por supuesto, que tu despensa esté ya bien surtida), pero nada que sea preocupante. Muchos de los ingredientes más caros usados en este libro se usan una y otra vez, y en pequeñas cantidades, así que duran mucho tiempo. En otras palabras, cuando valoras el coste

COSTE POR RACIÓN* DEL SANCOCHO DE COLIFLOR ASADA (PÁGINA 192)

- ◆ 1 coliflor mediana .... 2,80 €
- ◆ 1 cucharada sopera de zumo de limón exprimido.......... 0,23 €
- ◆ 3 cucharadas soperas de aceite de coco .... 0,60€
- ◆ ¼ de taza de cebollinos picados .... 1,87 €
- ◆ Sal marina y pimienta molida .... n/d
- ◆ 1 cucharada sopera de *dulse* en copos........................ 0,18 €
- ◆ 1 cebolla amarilla .... 0,61 €
- ◆ ¼ de taza de piñones tostados .... 2,10 €
- ◆ 4 ramas de apio.. 0,94 €
- ◆ 3 dientes de ajo .... 0,15 €
- ◆ 1 cucharada sopera de tomillo fresco .... 0,38 €
- ◆ 2 hojas de laurel .... 0,17 €
- ◆ ½ kg de patatas Yukon Gold .... 0,93 €
- ◆ ⅛ de cucharada sopera de cayena .... 0,02 €
- ◆ 5 tazas de caldo de algas (página 89) .... 1,13 €
- ◆ 2 cucharadas soperas de pasta de sésamo .... 0,56 €

- ◆ **Coste por ración (ración = 1 ⅓ tazas) ....** **2,12 €**
- ◆ **Coste total de la receta: ....** **13,56 €**

---

* La receta es para una ración de 1 ⅓ tazas. Los precios se han estimado según precios de venta al detalle, con productos cien por cien orgánicos y de temporada siempre que ha sido posible. El coste final puede variar ligeramente.

real por ración de las sopas de superalimentos, ves que es sorprendentemente bajo.

Por un poco menos de 2 euros por ración (menos de lo que te cuesta un café largo en cafeterías de moda como Starbucks, o el precio de una barrita energética en el supermercado), el precio por taza de una sopa de superalimentos cocinada en casa no solo compite con el de la mayoría de las sopas envasadas, sino que puede costarte la mitad de lo que cuestan algunas sopas orgánicas frescas envasadas. Además, seguro que te hace sentir mejor saber que gastas tu dinero en alimentos que son increíblemente más ricos en nutrientes, a diferencia de las sopas comerciales que contienen una gran cantidad de excipientes. Cuando te gastas el dinero en superalimentos, no estás comprando solamente calorías, estás comprando los alimentos más sanos y ricos en nutrientes que el dinero puede pagar. Y más allá de la felicidad de tus papilas gustativas, tu cuerpo siempre notará la diferencia.

CONSERVAR LAS SOPAS

Preparar las sopas con antelación es una buena idea. A menudo, yo misma añado el doble de ingredientes de mis recetas para seguir disfrutándolas muchas más veces. La sopa es el tipo de receta que puedes preparar el fin de semana y saborear durante la semana, evitando así tener que cocinar demasiado. Esta es quizás una de las mayores ventajas de la sopa: puedes hacerla cuando quieras y disfrutarla más tarde, es un delicioso regalo que dura y dura.

A la hora de guardar las sopas que prepares, es útil aplicar los mismos principios que en una cocina profesional. En otras palabras, la seguridad es lo primero. Cuando trabajes con sopa caliente, evita guardarla en la nevera antes de que se haya enfriado. Esto puede hacer subir rápidamente la temperatura del aire en el interior del frigorífico, con el riesgo de que el resto de los alimentos se estropeen. En su lugar, deja que la sopa se enfríe un poco por debajo de la temperatura de la habitación (entre 21 y 29 °C) durante aproximadamente una hora antes de meterla en la nevera. Si la repartes en recipientes más pequeños, el proceso de enfriamiento será más rápido. Yo suelo usar tarros de cocina de 1 l, de esos baratos, pero cualquier contenedor de cristal seguro para usar con calor servirá (no utilices nunca recipientes de plástico para los alimentos calientes, para evitar el trasvase de productos químicos del envase a los alimentos). Las sopas frías y trituradas duran de dos a tres días en la nevera, y la mayoría de los guisados, unos cuatro días.

Si quieres alargar la duración de tu sopa incluso más, siempre puedes congelarla. Cuando la refrigeres, asegúrate de dejar que se enfríe a temperatura ambiente antes de meterla en el congelador. Un cambio rápido de temperatura puede causar tensión en el material del recipiente hasta el punto de que se rompa.

Prácticamente, cualquier tipo de sopa puede congelarse y durar meses. Antes de recalentarla, solo deja que se descongele en la nevera durante unas horas o durante una noche. Tal vez aprecies cambios sutiles en la textura y color de la sopa (sobre todo si lleva verduras), pero como muchas sopas caseras de superalimentos, mantendrá el noventa y cinco por ciento de su delicioso sabor original... y de vez en cuando incluso sabrá mejor.

CÓMO ESTIRAR TU PRESUPUESTO PARA PREPARAR SOPAS DE SUPERALIMENTOS

Compra productos de temporada. Estos productos siempre son más baratos que si los compras fuera de su temporada (además, como hay mucha cantidad, seguro que encuentras ofertas). Por no decir que los productos frescos recogidos en su momento de madurez también saben mejor. Las recetas de estas páginas son resultado de mis viajes a los mercados de frutas y verduras locales durante todo el año. Encontrarás, por lo tanto, un amplio número de propuestas con ingredientes seleccionados en sus «mejores momentos» naturales.

Compra a granel. Abastecer la despensa con inteligencia es clave para ahorrarte bastante dinero. Si el supermercado al que acudes tiene una sección de venta a granel, recurre a ella si hacen descuentos según la cantidad que compres, aprovéchalo. Los productos que guardes en la despensa se conservan bien si los mantienes en un lugar fresco y oscuro, en un recipiente hermético (yo suelo guardarlos en tarros de cristal ligeros). Así pueden durarte meses (incluso años), y serán la base para elaborar tus sopas.

No dejes que nada se estropee. La mayoría de las recetas de este libro están pensadas para las cantidades que cuatro personas consumirían durante una comida. Si te quedan sobras y no crees que las gastes en los dos próximos días, puedes congelarlas para utilizarlas más adelante. Las sopas son de las recetas más flexibles del planeta, así que no te preocupe añadirle algún ingrediente, como por ejemplo hinojo picado o algo de zanahoria extra si encuentras algo de verdura a punto de estropearse en la nevera.

Házlo tú. Tu mejor apuesta para ahorrar es preparar tus propias sopas, tanto como puedas. Elaborar tu propio caldo vegetal será más económico que comprarlo en brik. Y, realmente, picar tus propias verduras en lugar de comprarlas picadas en paquetes también representa un enorme ahorro.

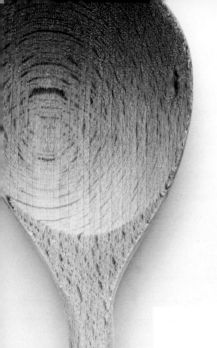

KIT PARA INICIAR TU DESPENSA
DE SUPERALIMENTOS

Es posible que acabes de empezar a crear tu propia despensa de superalimentos. No te preocupes. No hace falta que los compres todos de golpe (a menos, claro está, que así lo quieras, y en ese caso, genial). Habrá quien quiera saltar al mundo de los superalimentos a toda velocidad, pero tal vez tú prefieras tomártelo con calma e ir añadiendo poco a poco nuevos ingredientes a tu olla de sopa. Si tu compromiso para mejorar tu salud y hacer un cambio positivo es fuerte, te sugiero que empieces con cinco superalimentos. Una vez se hayan convertido en una parte familiar de tu catálogo de sopas, te sentirás más cómodo y podrás diversificar tu repertorio y probar nuevos ingredientes. Para empezar tu viaje culinario saludable, prueba estos superalimentos versátiles e ideales para la sopa (puedes usarlos en casi cualquier tipo de sopa):

Bayas de goji (página 42)

Semillas de cáñamo (página 51)

Maca en polvo (página 47)

Setas medicinales en polvo (escoge alguna variedad
de las páginas 31-35)

Dulse en copos (página 38)

LOS BENEFICIOS NUTRICIONALES DE LAS SOPAS DE SUPERALIMENTOS

Por lo general, cuando nos preguntamos «qué como hoy», la mayoría de nosotros no pensamos más allá de una opción que nos apetezca. Pero hay otra consideración que aparece después de haberte tomado una comida deliciosa: cómo interactúa con tu cuerpo y lo forma. Esta consideración es la esencia de la alimentación consciente. También influye en el concepto de belleza interior: consumir alimentos que nos «embellezcan» los huesos, órganos, sangre e incluso células, creando un ambiente interior saludable y vigoroso que dé como resultado además belleza exterior. Tiene sentido, ¿verdad? La práctica de crear un ecosistema interior equilibrado y saludable da lugar a la mejor versión posible de nuestros cuerpos: nos vemos bien y, todavía más importante, nos sentimos increíblemente bien. Es de esto exactamente de lo que tratan los superalimentos.

LOS BENEFICIOS

Tal como habrás leído en «Principios de las sopas de superalimentos (página 15)», cada superalimento tiene sus propios beneficios específicos. Pero más allá de las características individuales de los ingredientes, juntos ofrecen algunas ventajas por las que te recomiendo tomar sopas de superalimentos de forma habitual.

Energía. Cuando pensamos en una comida abundante, no nos da la sensación de que vaya a llenarnos de energía, pero eso es precisamente lo que las sopas de superalimentos hacen. Las proteínas alcalinas y el alto contenido en fibra y agua proporcionan un combinado fácil de digerir que facilita que tu cuerpo descomponga y absorba los nutrientes. Piénsalo así: cada día empleas el diez por ciento de tu energía solo en digerir la comida que tomas. ¿Y si pudieras recuperar un poco de esa energía? Te quedaría más para gastar.

Minerales y vitaminas. Cuando escoges los productos «enriquecidos» de la estantería del supermercado, tanto si es harina, leche, zumo o cualquier otro, lo que en realidad estás tomando es vitaminas añadidas (y quizás, sintéticas). Por desgracia, a nuestros organismos les cuesta un gran esfuerzo procesar las formas artificiales de los suplementos de la mayoría de los nutrientes, y en realidad muchos pasan por el cuerpo sin llegar a absorberse. La razón por la que este «enriquecimiento» es necesario es porque a muchos de nosotros nos cuesta alcanzar los requerimientos diarios de minerales; tanto si se debe a la pérdida de nutrientes en los suelos de cultivo como si se trata de una simple cuestión de no tomar suficientes alimentos con minerales, las deficiencias nutricionales son un problema frecuente.

Para ayudarte en la tarea de satisfacer tus necesidades de minerales de forma natural, sencilla y deliciosa, las sopas de superalimentos contienen raíces, algas, semillas, cereales y/o verduras de hoja verde, todos ellos ingredientes alcalinos repletos de minerales.

Por si fuera poco, las vitaminas también son una parte importante de las sopas de superalimentos, que es algo que no todas las sopas de la estantería del supermercado contienen. La mayoría de las recetas se crean pensando sobre todo en el sabor (por eso muchos chefs usan la mantequilla como si fuera a

acabarse), independientemente de cómo el proceso de cocinarlas afecte a la comida (o de cómo nos afecte biológicamente). Teniendo esto en cuenta, podemos decir con seguridad que la mayoría de las sopas no tienen un contenido particularmente elevado en vitaminas, porque muchas de las que contienen los alimentos desaparecen al cocinarlos. Por otro lado, las sopas de superalimentos están diseñadas para maximizar los beneficios nutricionales. Los alimentos delicados, como las verduras de hoja, suelen añadirse al final de la cocción para preservar su contenido en vitaminas en la medida de lo posible, y muchos añadidos y aderezos contienen un extra de ingredientes ricos en vitaminas, por lo que cada cucharada le aportará beneficios a tu salud.

Antioxidantes protectores y curativos. No hay alimento en el planeta que pueda competir con los superalimentos en lo que se refiere a los antioxidantes. De hecho, en algunos casos lo que define a un superalimento es su elevado contenido en estas sustancias. Los antioxidantes son responsables de proteger y ayudar a recuperar nuestro organismo de la enfermedad, y se encuentran en grandes cantidades en los ingredientes de la sopa de superalimentos.

Conocidos por ayudar a prevenir y combatir el cáncer, también fortalecen el cuerpo de incontables modos, desde mejorar el dolor articular hasta potenciar la inteligencia. Debido a la abundancia de antioxidantes en las sopas de superalimentos, es tentador considerarlos una especie de «medicina diaria», aunque el nombre no sugiere lo deliciosos que son.

ALIMENTOS ALCALINOS Y ÁCIDOS

El equilibrio del pH en tu cuerpo es uno de los aspectos vitales de tu química interna. Tu organismo necesita (y está diseñado para ello) mantener un pH sanguíneo ligeramente alcalino (básico), pero se encuentra en un estado de mínima fluctuación, influida por todo, desde las funciones corporales normales hasta la comida que tomas. Ingerir más alimentos alcalinos (como plantas, y en especial verduras) significa menos esfuerzo para tu organismo a la hora de mantener un equilibrio y una función óptimos de forma eficiente.

BENEFICIOS EXTRA

Aunque todas las sopas de este libro confieren una cantidad enorme de ventajas nutricionales saludables, además cada receta ofrece un conjunto único de beneficios funcionales adicionales. Si tu interés en los superalimentos tiene su origen en intentar solucionar un aspecto de salud específico, como la salud de los huesos o del corazón, por ejemplo, simplemente fíjate en los iconos correspondientes de la lista siguiente. Cada uno de ellos te ayudará a identificar cuál es exactamente la sopa que mejor responde a tus necesidades. Para una lista de recetas agrupadas por beneficios para la salud, puedes consultar «Índice de sopas por beneficios», en la página 265.

BELLEZA

Sopa con ingredientes que contienen una considerable cantidad de nutrientes que contribuyen a la belleza, como la vitamina C (para la producción de colágeno), determinadas grasas saludables, antioxidantes y antiinflamatorios para la protección de la piel.

HUESOS FUERTES

Sopa con superalimentos ricos en calcio.

LIMPIEZA Y DESINTOXICACIÓN

Sopa con ingredientes útiles para limpiar suavemente de toxinas el organismo, a la vez que ofrece valiosos micronutrientes para la renovación biológica.

CORAZÓN SANO

Sopa con nutrientes que favorecen la salud cardiovascular.

SISTEMA INMUNOLÓGICO

Sopa con nutrientes que combaten la enfermedad (como la vitamina C y el zinc) y contienen superalimentos reconocidos por sus propiedades antivíricas, antibacterianas o antifúngicas.

BAJO EN CALORÍAS

Sopa con 250 calorías o menos por ración.

PROTEÍNAS

Sopa con 6 g de proteínas o más por ración.

SOPAS DE SUPERALIMENTOS PARA REAJUSTAR TU DIETA (*SOUPING* O LA SOPA COMO NUEVA TENDENCIA *DETOX*)

«Otra vez no», pensé. Había planificado unas vacaciones de invierno la mar de saludables mientras visitaba a mi familia política en Alemania, pero mi querida familia acababa de frustrar mis intenciones. Suelo portarme bien cuando viajo: como un montón de frutas y verduras, e incluso soy tan cuidadosa que me llevo algunos de mis superalimentos (paquetes de polvo verde, un par de bolsas de bayas de goji y mezclas para batidos). Pero desde mi llegada a Alemania, me recibieron con pilas de chocolate negro, deliciosos panes de frutas europeos y, allá donde mirara, boles llenos de dulces que me susurraban «cómeme». En esos seis gloriosos días, mi agenda fue bastante intensa: comer comida genial, tirarme por ahí y comer comida genial. Como te imaginarás, fue un viaje estupendo.

Pero claro, ese no es un estilo de vida sostenible. Cuando volví a casa, no quería simplemente prepararme un batido y olvidarme. Necesitaba darle a mi cuerpo un restablecimiento total. Y como era invierno, acudí a las sopas. Mi reajuste fue sencillo: preparé unas cuantas sopas de superalimentos restauradoras –de hecho, así surgió la sopa de muchos verdes (página 132)– y las consumí en los siguientes días, junto con un par de comidas sanas, como ensaladas y similares. No solo fue un régimen sencillo (dos horas de cocina dieron como resultado días y días de comidas), me impresionó también lo increíblemente bien que me sentí después de dedicar tan poco tiempo a cocinar. Me encantan los zumos recién exprimidos para purificarme (un vistazo a mi libro *Superfood smoothies* lo demuestra), pero la diferencia es que, mientras que los zumos son energizantes y ligeros, las sopas son energizantes y muy saciantes a largo plazo. Me encantó la sensación de renovación que sentí: alimentada, sin estar llena, pero continuamente revitalizada.

Resulta que hay un nombre para esta práctica de comer sopas como forma de transformación saludable: simplemente se llama *souping*. Muchos consideran que es la forma más inteligente de restablecerse, porque comer sopas con un alto contenido en nutrientes cocinadas con alimentos no procesados e integrales enriquece tu cuerpo con todo lo que necesita, a la vez que mantienes el hambre a raya. La verdad es que suelo evitar las modas en las dietas más rápido de lo que tardas en decir «dieta de la limonada», pero el *souping* tiene mucho sentido porque no te priva de nada. De hecho, hace exactamente lo contrario: la sopa satisface tu cuerpo entero con nutrientes profundamente eficientes.

La moraleja aquí es que mantener un equilibrio general en lo que comes durante tu vida es ideal. Pero a veces, cuando necesitas que tu organismo recobre ese equilibrio... energizarlo, repararlo y hacerlo brillar desde dentro de nuevo, unos pocos días de *souping* pueden ser la respuesta. Aunque todas las sopas de este libro pueden usarse con este propósito, las recetas con el símbolo 🌿 (limpieza y desintoxicación) serán más eficaces.

SEGUNDA PARTE

LAS SOPAS

Las sopas son un poco mágicas. Estas combinaciones flexibles, con interminables variaciones y posibilidades, son una invitación abierta a añadir cualquier ingrediente natural, una nueva verdura o especias exóticas. En estas páginas encontrarás una gama espectacularmente variada de sabores y estilos de sopa lista para satisfacer todos los gustos: puedes probar los sabores de caldos naturales y reparadores en la sección «Caldos restauradores», tentar tus papilas gustativas con los placeres de «Sopas frías», derretirte en el goce aterciopelado de las «Cremas y sopas trituradas», deleitarte en el verdadero placer de «Sopas de caldo con fideos», disfrutar de los cautivadores «Sancochos y gachas» o poner todo tu entusiasmo en los generosamente surtidos «Estofados y chiles». Sea cual sea tu estado de ánimo, la sopa te promete una sensación reconfortante y energizante con cada deliciosa cucharada.

ANTES DE EMPEZAR

Todas las recetas de sopa casera del mundo necesitan a veces ligeros ajustes, porque son muchas las variables que intervienen en su elaboración. Aparte de tu gusto personal por la sal, las especias y otros condimentos, la calidad de los alimentos naturales puede variar considerablemente, dependiendo del propio cultivo... el lote... o incluso la estación. Más importante aún, el sabor de una sopa lista para servir variará ligeramente a medida que se asiente y se enfríe. Algunos de estos cambios pueden ser más beneficiosos que otros. Por ejemplo, los sabores de una sopa tipo estofado pueden fusionarse y desarrollarse completamente si la dejamos asentarse, mientras que una sopa ácida o agria tal vez no evolucione tan bien si pierde su efecto estimulante (o ácido) con el tiempo. Para contrarrestar esta incertidumbre, hay una norma clara: *probar antes de servir.* Te animo a que no tengas miedo de cambiar las recetas de este libro para adaptarlas a tu gusto. Para conseguir los sabores que desees, sigue los siguientes consejos y asegúrate de que cada sopa que prepares te quede soberbia.

CONSEJOS PARA REMATAR LAS SOPAS

¿Te ha quedado insípida? Añade sal y pimienta

Casi siempre, una sopa queda demasiado sosa por no usar bastante condimento(por lo general pimienta y, sobre todo, sal). Añade una pizca de sal, pruébala y añade más hasta conseguir el sabor que te guste. La sal y la pimienta son los condimentos más importantes y menos valorados: son los responsables de reavivar el sabor.

¿Una sopa insulsa? Añádele ácido

Algunas veces la sopa puede saber algo insulsa, sobre todo si ha estado asentándose durante un tiempo. Añadiendo una cucharada de un ingrediente ácido, como el zumo de limón o de lima, o tal vez alguna variedad de vinagre, puedes levantar y aligerar los sabores pesados y aportarle a la sopa la vitalidad que necesita.

¿Sopa demasiado espesa? Añádele agua

La sopa demasiado espesa a menudo es el resultado de un caldo o agua que se ha evaporado demasiado rápido. Arreglarlo es fácil, basta con ir añadiendo un cuarto de taza de agua, hasta que la sopa adquiera la consistencia que desees. También puedes utilizar otros líquidos, pero piensa que de algún modo afectarán al sabor. Cuando recalientes una sopa de días o incluso de horas, puede que necesites agregar un poco de agua o caldo para aligerar los ingredientes.

¿Sopa demasiado clara? Sigue cocinándola o añádele tapioca

Hay varias posibilidades para arreglar una sopa demasido diluida para tu gusto. La primera es, simplemente, cocinarla un poco más de tiempo para permitir que se evapore más líquido. Si no tienes tiempo o crees que alguna verdura podría quedar demasiado cocida, el segundo método es añadir un ingrediente que absorba la humedad, como un poco de harina de trigo, una solución muy frecuente. Sin embargo, soy mucho más partidaria de usar arrurruz o tapioca, que son mucho más eficientes que la harina y le prestan una textura suave y cremosa a la sopa sin influir en el sabor. El truco es usar solo un poco (entre una cucharadita y una cucharada sopera será suficiente). Añade, remueve el caldo caliente y continúa cocinando la sopa durante un par de minutos para que se espese. Si ves que aún no está lo bastante espesa, añade más arrurruz a tu gusto. Siempre tengo un frasco de tapioca, en mi despensa como ingrediente de emergencia.

PRECAUCIONES AL TRITURAR LAS SOPAS

Las sopas calientes producen mucho vapor, que a su vez crea una cantidad enorme de presión, especialmente cuando está dentro de una batidora chirriante. Cuando tritures líquidos calientes y sopas, es importante que tomes unas cuantas precauciones para evitar que salte la tapa. Primero de todo, si tu batidora tiene en la cubierta un orificio con tapa, quítala antes de empezar a batir, cubre el espacio con papel de cocina y aguanta la tapa presionando con un paño. Empieza mezclando a poca velocidad, libera un poco del aire caliente, luego vuelve a cubrir de nuevo y bate hasta que quede una textura regular. La segunda precaución es no llenar el vaso o la jarra de la batidora hasta arriba. Yo suelo llenar la jarra unos tres cuartos de su volumen, para dejar espacio suficiente al vapor caliente que se extenderá mientras bato la sopa.

PAUTAS GENERALES PARA COCINAR UNA BUENA SOPA

Prepárala a conciencia. Es mejor preparar todos los ingredientes y dejarlos listos para usar antes de empezar la receta: corta las cebollas, mezcla las especias y asegúrate de que tienes suficientes verduras. En el caso de algunas sopas, conviene mezclar todos los ingredientes con bastante rapidez y necesitan un ritmo de preparación que solo puede alcanzarse si tienes los ingredientes listos. Puedes imaginarte que eres un cocinero de primera línea, preparándose para la gran entrada del jefe de cocina.

Presta atención al tamaño de los trozos. La mayoría de las recetas de sopa permiten una actitud bastante relajada, pero si te concentras cuando cortes los ingredientes durante la preparación y mantienes la regularidad en el tamaño de los trozos, conseguirás una sopa mejor, porque los ingredientes alcanzarán el mismo grado de cocción. A riesgo de sonar como una madre sobreprotectora, tengo que decirte que es importante que el proceso de cortar sea simple y seguro. Divide las piezas grandes, como las calabazas y los tubérculos, en trozos más manejables antes de picarlos finos, y en

trozos planos que puedas apoyar con seguridad, para evitar que se deslicen mientras los estás cortando. Por ejemplo, corta una patata con rapidez simplemente por la mitad o en cuartos antes de hacer rodajas, a continuación en tiras de tamaño regular y por último puedes cortarla en dados.

Mantén la olla caliente. Asegúrate siempre de que el aceite de la olla esté caliente (nunca humeante) antes de añadir los ingredientes. Para comprobar que está a suficiente temperatura, echa un trozo de cebolla y observa qué ocurre cuando alcanza la superficie del aceite. Si comienza a crepitar, la olla está lista para empezar a cocinar. Si no, espera otro minuto antes de volver a intentarlo. Una capa de verduras bien cocinadas, junto con los líquidos que liberan, hacen maravillas a la hora de mejorar el sabor de tu sopa.

Sazona mientras la sopa se cocina, pero sobre todo al final. Las sopas necesitan un poco de sal y pimienta mientras se preparan para ayudar a conseguir su sabor, pero el mejor momento para añadir condimentos es al final del proceso de cocción, precisamente cuando puedes notar mejor el sabor de la receta acabada. La verdad es que en cuanto a la condimentación, puedes conseguir los mejores resultados siguiendo tu intuición.

Juega con los aderezos. Las sopas sacan al artista que todos llevamos dentro. Libera tu creatividad y aderézalas con diferentes colores, texturas y superalimentos.

Para averiguar cómo sustituir unos superalimentos por otros, consulta la página 255.

Puedes encontrar recursos en la página 257.

CALDOS RESTAURADORES

Un sorbito de los sabores profundos y encantadores de los caldos caseros, y sus características profundamente reconfortantes, te convertirán en un seguidor incondicional de estas infusiones hechas con verduras y superalimentos que sirven a varios objetivos. Recetas como el caldo de miso (página 87), por ejemplo, una base tan importante para muchas sopas como lo es el somier para tu colchón. Otras recetas, como el caldo embellecedor (página 96), son caldos medicinales que ayudan a conseguir un cuerpo radiante desde dentro. Cada uno de estos sencillos platos, tanto si es una versión de una receta clásica como algo un poco más exótico, te aporta el sabor especial de un superalimento.

※ INCLUYE UN INGREDIENTE QUE ES UN SUPERALIMENTO

✳ BELLEZA 👤 HUESOS FUERTES 🍃 LIMPIEZA Y DESINTOXICACIÓN

♥ CORAZÓN SANO ✴ SISTEMA INMUNOLÓGICO

💧 BAJO EN CALORÍAS ⬡ PROTEÍNAS

RAZONES PARA PREPARAR CALDO CASERO

Tú y yo tendríamos que conocernos. Creo que nos llevaríamos bien. Cualquier persona que lea la sección de sopas de un libro de recetas (y que se la tome en serio) es, sin duda, un comidista con un alma afín a la mía. La mayoría de la gente subestima la sopa: creen que es agua sobrevalorada. Pero los consomés y los caldos son la parte más laboriosa y a la vez la de peor reputación en el mundo de las sopas. No son los ingredientes estrella, pero no te engañes: son el secreto que marca la diferencia entre una buena sopa y una genial.

Aun así, sé lo que estás pensando. Yo también he desoído la recomendación de un chef de preparar mi propio caldo para sopas («Vamos a ser realistas: ¿me estás diciendo que tengo que preparar dos sopas?»), y he utilizado agua o un caldo envasado en su lugar. No hay problema en emplear un caldo envasado de calidad para cualquier receta de este libro, pero me gustaría darte una poderosa razón para que lo prefieras casero: un extra de superalimentos. Sí, los caldos que encontrarás aquí son, en realidad, caldos de superalimentos, con increíbles beneficios extra.

Estos caldos no son mucho más difíciles de preparar que un té (aunque un té a fuego lento). Cada receta es para entre ocho y doce tazas de caldo, pero si tienes una olla lo bastante grande, te recomiendo que prepares incluso cantidades mayores.

USAR CALDOS DE SUPERALIMENTOS

Las recetas de caldos de este libro son ricas en nutrientes, con ingredientes vegetales, pero puedes usarlas para todos los tipos de recetas de sopa (incluso las que se preparan con carne o pescado). Aquí tienes una guía de sustitución de los caldos habituales por otros con superalimentos.

CONSEJO: congela tus caldos. Muchos de ellos durarán una semana en la nevera, pero también puedes guardarlosen recipientes durante meses en el congelador, listos para usar cada vez que notes el gusanillo de la sopa.En lugar de congelarlos en tarros, usa envases de vidrio poco profundos.

CALDO ESTÁNDAR	CALDO ALTERNATIVO
Agua	Caldo vegetal
Caldo de pollo	Caldo de miso
Caldo de pescado	Caldo de algas
Caldo de ternera/ consomé	Caldo de setas

CALDOS PARA COCINAR

Los caldos para cocinar pueden tener dos usos: el primero, tomarlos como bebida caliente, igual que disfrutarías una sabrosa taza de té, pero aún mejor es usarlos como el ingrediente esencial para muchas de las recetas de sopa de este libro.

CALDO VEGETAL

Este es un caldo claro, con un sabor entre salado y sutilmente dulce y con un extra energizante de raíz de maca. Lo preparo a menudo y siempre acabo tomándome una taza antes de que llegue a convertirse en sopa. En esta receta utilizo mis verduras favoritas, y tú puedes hacer lo mismo. Consulta «Introducción a los caldos vegetales» (página 85) para más ideas.

PARA UNAS 12 TAZAS (3 L)

4 cebollas grandes (de cualquier variedad)
2 cucharaditas de aceite de oliva
3 cucharadas soperas de vinagre de vino
2 puerros medianos, las partes blanca y verde, limpios y picados
1 apio mediano pelado y picado
1 bulbo de hinojo (o 2 pequeños) picados
2 zanahorias picadas
2 cucharadas soperas de polvo de maca
¼ de taza de tomillo fresco (hojas y tallo)
1 cucharada sopera de granos de pimienta
1 litro de agua

Corta 2 de las cebollas por la mitad y quítales solo la piel apergaminada. Corta cada mitad en cuartos y resérvalos. Corta las otras 2 cebollas en trozos más pequeños y resérvalos.

Calienta el aceite de oliva en una olla sopera grande* a fuego medio. Coloca con cuidado los cuartos de cebolla, boca abajo, en el aceite. Cocínalos durante 10 minutos hasta que se doren y las bases queden oscuras, sin removerlos mientras se están cocinando. Añade el vinagre y mézclalo rápidamente con las cebollas para recuperar los restos que quedan al fondo de la olla. Agrega el resto de los ingredientes, junto con las cebollas cortadas en trozos pequeños, en el orden en que aparecen en la receta y sube el fuego para hacer hervir la mezcla. Luego baja a fuego lento y déjalo hervir entre 45 minutos y 1 hora, retirando la espuma de la superficie. Cuela el caldo, enfríalo y guárdalo.

Puedes conservarlo en la nevera hasta una semana, o en el congelador durante varios meses.

---

* Necesitarás una olla de como mínimo 8 l, aunque de 10 l o más será mejor para este caldo. Si no tienes una lo bastante grande, prepara la receta en dos tandas.

INTRODUCCIÓN A LOS CALDOS VEGETALES

Podemos decir que los caldos vegetales son los más diversos de todos. Estas recomendaciones te servirán de guía y ayudarán a preparar tus propias variedades:

Usa (casi) cualquier verdura. Para un sabor equilibrado, puedes empezar por el mirepoix clásico (cebolla, apio y zanahorias, o una combinación similar). A partir de aquí, puedes añadir incontables hortalizas, incluidos todos los tipos de raíces y tubérculos, como nabos y chirivías, y bulbos aromáticos como el ajo y el hinojo. Las excepciones a esta mezcla son pocas: evita las crucíferas como la col y la coliflor, con sabores que pueden resultar demasiado fuertes, así como vegetales delicados, como la lechuga, y otros de hoja verde, cuyas propiedades nutricionales se perderían durante el proceso de cocción.

Añade especias. Los caldos más habituales llevan pocas hierbas y especias para poder usarlos en distintas recetas. Pero si vas a preparar tu propio caldo (para beberlo o para utilizarlo en una sopa en particular), añadir otras especias le dará un sabor muy agradable. Los condimentos más frecuentes incluyen las hierbas frescas, las hojas de laurel, la pimienta en grano y las especias enteras deshidratadas. Otros caldos pueden incluir ingredientes especiales como jengibre, hierba limón, cúrcuma y polvos de setas medicinales.

No te compliques cortando. Uno de los aspectos interesantes de preparar un caldo es que no tienes que cortar demasiado. Casi puedes echar las hortalizas enteras en la olla. Pero si haces el pequeño esfuerzo de cortarlas en trozos, reducirás el tiempo de cocción y darás más sabor al caldo. Como mínimo, la mayoría de las verduras deben cortarse en cuartos, aunque puedes cortarlas en trozos más pequeños si quieres.

Usa lo que sobra. El caldo es un método estupendo para evitar desperdiciar los vegetales. Puedes usar desde las cubiertas finas de las cebollas hasta la parte verde de los puerros, pasando por los sobrantes de las zanahorias y los apios e incluso las pieles que normalmente descartarías, a pesar de que tienen mucho sabor. Sin embargo, esto no significa que debas prepararlo con ellas; considéralas más bien un añadido que no debería superar un tercio de tu lista de ingredientes. Además, tienes que limpiarlos muy bien, y nunca uses nada que esté demasiado deteriorado para comerlo.

Añade sal. Si decides condimentar con sal y estás probando con una nueva receta, espérate hasta justo el final (después de haber colado los ingredientes) para que la mezcla no quede demasiado salada (el caldo hierve y se condensa bastante durante el proceso de cocción).

CALDO DE SETAS

El caldo de setas aporta un intensísimo matiz terroso al sabor de las sopas espesas y a los estofados, y aunque puedes comprarlo envasado, es muy agradable preparar el tuyo con las mejores setas que puedas encontrar. Esta receta, como la del caldo vegetal (página 84), es muy flexible: puedes usar cualquier tipo de setas deshidratadas (las mezclas de setas frescas y deshidratadas también funcionan muy bien, las setas frescas tienen un sabor riquísimo, debo decir). No olvides añadir tu superalimento de setas favorito en polvo. Las setas deshidratadas son más baratas que las frescas, y además son ideales para los caldos, porque su sabor se vuelve más intenso con el tiempo de reposo (igual que ocurre con el té). Considera esta receta como un punto de partida y no temas intensificar su sabor añadiéndole ingredientes extra como unas ramitas de tomillo, romero, hojas de perejil o incluso hortalizas como puerro, hinojo o apio.

PARA UNAS 10 TAZAS

1 cebolla amarilla grande pelada y cortada en cuartos
4 dientes de ajo pelados y aplastados
1 zanahoria (trozos grandes)
1 tallo de apio (trozos grandes)
30 g de setas secas (de cualquier variedad)
1 cucharada sopera de alguna seta en polvo considerada superalimento (cualquier variedad, como *cordyceps*, *reishi*, chaga o una mezcla)
½ cucharadita de sal marina
4,5 l de agua (16 tazas)

Calienta una olla grande de fondo grueso a fuego medio. Una vez esté caliente, añade las cebollas y cocínalas sin agua ni aceite durante 5 minutos (no las remuevas durante este tiempo) para dorarlas.

Añade el resto de los ingredientes y deja que hiervan; luego reduce a fuego lento. Deja cocer el caldo durante 1 hora o hasta que se reduzca más o menos a la mitad. Apaga el fuego, tapa la olla y deja que se enfríe a temperatura ambiente durante 30 minutos. Cuela el caldo y guárdalo en la nevera para usarlo más tarde.

Puedes conservarlo en la nevera hasta una semana o en el congelador durante varios meses.

CALDO DE MISO

Aquí lo tienes: mi caldo favorito para la sopa y el que sin duda deberías aprenderte. Es increíblemente versátil y fácil de preparar y absorbe el sabor de cualquier ingrediente que le añadas. A diferencia de la mayoría de las recetas de caldo de miso, que solo cocinan el miso suavemente (lo habitual es añadirlo al final de la receta para preservar sus delicadas enzimas), yo preparo este caldo como cualquier otro y añado el miso al principio. Ya sé que es un sacrilegio desperdiciar esas pobres e inocentes enzimas, pero en este caso lo que nos importa es el sabor.

Hay innumerables formas de darle fuerza a esta sopa, y esta receta es un buen punto de partida. En este caso me gusta usar la pasta amarilla de miso porque es la más versátil, pero puedes sustituirla tranquilamente por otras variedades (la pasta blanca tiene un sabor menos intenso, y la marrón y la roja son las más fuertes). Si no quieres tomar soja, el miso de garbanzos es un buen sustituto.

PARA UNAS 8 TAZAS

4 cucharadas soperas de pasta amarilla de miso
1 cucharadita de *kelp* en gránulos
2 l (8 tazas) de agua

Mezcla todos los ingredientes en la batidora hasta que el miso quede completamente disuelto. Úsalo en sopas según se indique o caliéntalo a fuego lento para disfrutar de un caldo bebido.

Puedes conservarlo en la nevera hasta una semana o en el congelador durante varios meses.

IDEAS FELICES: todos los caldos que contienen algas como el *kelp* o el *kombu* tienen un contenido elevado en minerales y electrolitos. Tomados calientes, son una excelente bebida para después del ejercicio físico, ya que ayudan a la hidratación y a la recuperación.

CALDO DE ALGAS

Creo que prácticamente podría vivir de este caldo: basta un único sorbo para hacerte sentir muy bien. Está cargado de minerales. Puedes usar otro tipo de alga en esta receta (o una combinación de ellas), pero las variedades más fuertes, como el *kombu*, tienen el sabor más salado, sin llegar a ser exagerado. Creo que el *kombu* es el alga más versátil para los caldos; seguramente eso explica que sea la base de tantas recetas japonesas de sopa clásica.

PARA UNAS 10 TAZAS

3 l (12 tazas) de agua filtrada

1 tira de *kombu* deshidratado (de unos 5 x 10 cm)

2 cucharadas soperas de salsa de soja

Hierve el agua en una olla grande con fondo grueso. Añade el *kombu* y baja el fuego a medio o bajo. Tapa la olla parcialmente y déjala hervir a fuego lento durante 30 minutos. Retira el *kombu* (guárdalo para un nuevo uso, si lo deseas) y agrega la salsa de soja. Deja que el caldo se enfríe un poco antes de verterlo en un recipiente.

Puedes conservarlo en la nevera hasta una semana o en el congelador durante varios meses.

EXTRA DE SUPERALIMENTOS: una vez el caldo ha hervido, retira las algas, deja que se enfríen, córtalas en trozos pequeños y úsalas como ingrediente saludable para sopas saladas, ensaladas, boles de cereales y lo que se te ocurra (después de cocerla, pierde sabor pero mantiene parte de sus cualidades nutritivas). Como último recurso, puedes dársela a tu perro: el mío las engulle como si fueran su golosina favorita.

POR QUÉ EL CALDO DE HUESOS NO ES UN SUPERALIMENTO

El caldo de huesos es un caldo espeso obtenido de huesos de animales a fuego lento durante una larga cocción. Aunque ha disfrutado de gran popularidad en los últimos años, no es ninguna novedad. Este caldo se ha usado en sopas de todo el mundo durante siglos como una forma de aprovechar subproductos y restos de animales y para favorecer la salud y la recuperación. Ahora que el caldo de huesos vuelve a estar de moda, sus defensores hacen afirmaciones sobre sus propiedades saludables, entre ellas que mejora la inmunidad; ayuda a la desintoxicación del hígado; proporciona una mejor salud digestiva, una piel más joven y unas articulaciones más sanas, e incluso es beneficioso como bebida de recuperación para después de la actividad física.

Estas afirmaciones no son inventadas. El caldo de huesos es, de hecho, una fuente de colágeno (una proteína que contiene aminoácidos), que forma y repara los tejidos conectivos en las articulaciones, los tendones, los huesos y la piel. En concreto, contiene glutamina, un aminoácido responsable de distintos tipos de reparación del tejido, que es particularmente útil para mejorar trastornos digestivos, como el síndrome del intestino permeable. Este caldo también contiene electrolitos, vitales para la hidratación después del ejercicio físico.

Como ves, el valor nutricional del caldo de huesos es indudable, pero muchas de las afirmaciones que se hacen sobre él no lo son. Normalmente se malinterpretan los efectos del más famoso nutriente del caldo de huesos, el colágeno. Tu cuerpo no puede digerir el colágeno de una fuente animal y usarlo para tus propios huesos y piel. Lo que ocurre en realidad es que tu organismo lo disgrega en aminoácidos individuales, como haría con otros alimentos, y los utiliza donde el ecosistema del cuerpo los necesita (una pista: la producción de colágeno no es prioritaria). En realidad, no es el colágeno del caldo de huesos, sino los aminoácidos, lo importante, y lo que abunda en cualquier tipo de alimento rico en nutrientes, como las semillas de cáñamo, las bayas de goji y las algas. Además, hay que pensar que el cuerpo produce su propio colágeno, y muchos expertos sugieren que si realmente quieres producirlo, lo más efectivo es consumir micronutrientes y antioxidantes que ayudan a ello, como la vitamina C y el licopeno (que no se encuentran en el caldo de huesos). Estas sustancias son extremadamente eficientes para ayudar a producir colágeno. De hecho, no hay ningún ingrediente en el caldo de huesos que no pueda obtenerse en cantidad de otros alimentos naturales, a través de productos sin procesar o de una dieta basada en vegetales, sobre todo si está compuesta de superalimentos.

Pero el asunto más preocupante sobre el caldo de huesos no tiene nada que ver con lo que afirman sus defensores más acérrimos. Primero, la calidad del caldo de huesos que se vende varía considerablemente: no sabes qué partes del animal se han usado para prepararlo y, es más, ni lo que son esas partes. Segundo, tampoco sabes con qué se alimentó al animal, en qué ambiente ni condiciones vivía o si se le administraron hormonas. Y tercero, los metales pesados se acumulan en los huesos, los ligamentos y la piel de los animales adultos, y van a parar al caldo después de cocer los huesos durante horas. De hecho, un estudio ciego realizado en 2013, publicado en *Medical Hypotheses,* mostró que el caldo orgánico de huesos de pollo contenía «altas concentraciones de plomo» (una neurotoxina muy peligrosa). En cambio, no hay ningún estudio que haya demostrado de forma clara los efectos beneficiosos del caldo de huesos ni en la protección de las articulaciones ni en el fortalecimiento óseo, y tampoco para tener un aspecto más joven.

Te sugiero encarecidamente que en lugar de usar caldo de pollo, te decantes por los caldos y las sopas curativos de este libro. Cada nutriente que pueda contener el caldo de huesos se encuentra en estas sopas de forma mucho más saludable, segura y mejor estudiada, desde los que ayudan a producir colágeno (presentes en los vegetales de hoja verde y las algas) y glutamina, beneficiosa para las articulaciones (en las legumbres, las setas y las hortalizas crudas), hasta los electrolitos (como los que se encuentran en las semillas de chía y el apio). Comer verdaderas sopas y caldos de superalimentos es un plan sin riesgos que ayudará a tu cuerpo en todos los niveles.

CALDOS FUNCIONALES

Los caldos se han utilizado durante milenios como un método eficaz para ingerir nutrientes curativos. Preparar una buena cantidad de estos potentes caldos funcionales es fácil. Cada uno de ellos (como su nombre sugiere) está especialmente pensado para responder a tus necesidades, tanto si se trata de incrementar tu energía como de desintoxicar tu organismo, cuidar de tu belleza o recuperarte de algún trastorno. Aunque, sin duda, puedes usar estas recetas para preparar otras sopas, son mejores para tomarlas solas. A menudo me tomo una segunda o hasta una tercera taza de caldo durante el día, sobre todo cuando acabo de prepararlo. Me hace sentir genial.

CALDO ENERGIZANTE

La energía que proporciona tomar nutrientes es preferible a la estimulación de la cafeína y su efecto es a largo plazo (y sin bajón posterior). Este caldo es bueno para tu cuerpo a todos los niveles: te proporciona electrolitos para la recuperación celular, vitaminas B para la energía, fotoquímicos para el equilibrio suprarrenal (que ayuda a manejar el estrés) e incluso ingredientes funcionales como *cordyceps* y cayena, que ayudan a estimular la circulación para una óptima absorción de los nutrientes.

PARA UNAS 10 TAZAS / 8 RACIONES

2 cebollas de cualquier variedad
2 cucharadas soperas de aceite de coco
4 zanahorias en trozos gruesos
4 tallos de apio en trozos gruesos
2 cucharadas soperas de vinagre de sidra de manzana
2 bolsitas de té verde
2 cucharadas soperas de maca en polvo
2 cucharadas soperas de *cordyceps* en polvo
1 cucharadita de pimienta en grano
1 cucharadita de cayena
¾ de cucharadita de sal marina
3,75 l de agua (16 tazas)
1 cucharada sopera de levadura nutricional

Lava las cebollas enteras y córtalas por la mitad, sin pelarlas. En una olla sopera, calienta el aceite de coco a temperatura media. Con cuidado, coloca sobre el aceite las cebollas con el lado del corte hacia abajo. Añade las zanahorias y el apio y dóralos durante 10 minutos, hasta que las cebollas tomen un color marrón (no remuevas ni toques las hortalizas mientras se cocinan). Añade el vinagre y, ahora sí, remueve y mezcla rápidamente para hacer una salsa con lo que queda en la olla. Agrega el resto de los ingredientes, menos la levadura, y sube el fuego para que la mezcla hierva. Luego reduce a fuego lento y cocina entre 45 minutos y 1 hora (hasta conseguir la concentración que desees). Cuela el caldo y retira los sólidos. Añade y mezcla la levadura. En varias veces, si no te cabe todo de una vez, vierte la mezcla en la jarra o el vaso de la batidora y bate un momento para emulsionarla. Te sugiero que tomes este caldo caliente en una taza. Puedes conservarlo en la nevera hasta una semana o en el congelador durante varios meses.

Nota: también puedes utilizarlo para sustituir el caldo vegetal en otras recetas.

CALDO *DETOX*

Es verdad que los alimentos y las dietas desintoxicantes, más conocidos como *detox*, están algo desvalorizados hoy en día por su uso indiscriminado. Pero lo cierto es que muchos de ellos cumplen su objetivo: ayudar al cuerpo a liberar de forma eficaz las toxinas que acumula en la vida diaria. Este caldo consigue precisamente eso: es un diurético suave que favorece la función celular e incluye uno de los instrumentos de desintoxicación más poderosos del planeta: las algas pardas (*kelp*, en este caso). No te limites a someterte a una limpieza «de vez en cuando»; añade además hábitos saludables a tu vida diaria, como tomar una o dos tazas de este caldo con sabor a hierba limón.

PARA UNAS 8 TAZAS / 6 RACIONES

2 puerros
3 tallos de hierba limón
4 tallos de apio en trozos gruesos
2 dientes de ajo pelados y aplastados
5 cm de raíz de jengibre fresca cortada fina
1 taza de setas cortadas por la mitad
2 cucharaditas de *kelp* en polvo
2 bolsitas de infusión purificante*
½ ramita de perejil
1 puñado de menta fresca
12 tazas de agua
2 cucharadas soperas de pasta amarilla de miso
2 cucharaditas de aceite de coco

---

* Puedes encontrar un gran número de infusiones purificantes. Para esta receta te sugiero usar infusión de ortiga, diente de león o una mezcla de hierbas como ortigas, hinojo y menta. Solo tienes que asegurarte de que no esté aromatizada con especias dulces como la canela, para que no afecte al sabor del caldo.

Quítales las raíces y las puntas a los puerros. Córtalos y separa la parte blanca de la verde. Trocea las dos partes por la mitad y lávalas bien (los puerros pueden tener algo de tierra). Corta y descarta las puntas y la raíz de la hierba limón y quita las capas más gruesas. Machaca el interior con la parte plana de un cuchillo grande, como haces para aplastar un diente de ajo.

Añade todos los ingredientes a una olla sopera excepto la pasta de miso y el aceite de coco. Lleva la mezcla a un hervor con el fuego fuerte y luego redúcelo a medio-bajo y cocínala a fuego lento durante 40-50 minutos (hasta conseguir la concentración que te guste). Cuela el caldo y viértelo en un bol o jarra, separándolo de los sólidos. Agrega la pasta de miso y el aceite de coco y mézclalos. Vierte la mezcla en la batidora y, en distintas veces si no te cabe todo de una vez, bate hasta emulsionar el caldo. Tómalo caliente en una taza.

Puedes conservarlo en la nevera hasta una semana o en el congelador durante varios meses.

CALDO EMBELLECEDOR

Este caldo con sabor a tomate y albahaca es algo más que una deliciosa sopa: es también un elixir de belleza gracias a los antioxidantes del té verde, las bayas de goji, las zanahorias y los tomates. Aporta además las propiedades antibacterianas del ajo y la albahaca (muy útiles para limpiar la piel) y las propiedades antiedad del aceite de semillas de cáñamo, gracias al zinc y al ácido alfalinoleico. Su alto contenido en electrolitos favorece la hidratación. Este caldo es, una forma maravillosa de disfrutar algunos de los mejores nutrientes de la naturaleza.

PARA UNAS 10 TAZAS / 8 RACIONES

2 cebollas
1 cucharadita de aceite de oliva
3 tallos de apio en trozos gruesos
2 zanahorias en trozos gruesos
3 cucharadas soperas de vinagre de sidra de manzana
1 cucharada sopera de salsa de tomate
3 dientes de ajo pelados y aplastados
3,75 l de agua (16 tazas)
2 bolsas de té verde
1 rama grande de hojas de albahaca fresca
¼ de taza de bayas de goji secas
2 cucharadas soperas de aceite de cáñamo
4 cucharadas soperas de pasta amarilla de miso

Lava las cebollas enteras y córtalas por la mitad sin pelarlas. Calienta el aceite de oliva a fuego medio en una olla sopera, dejando que se extienda por toda la base de la olla. Coloca con cuidado las mitades de las cebollas hacia abajo. Añade el apio y las zanahorias y dóralos durante 10 minutos, hasta que las cebollas cojan un color marrón. Agrega el vinagre y remueve rápidamente para hacer una salsa. Añade y mezcla la salsa de tomate y el ajo, y luego el agua, las bolsas de té verde y la albahaca. Sube la temperatura hasta hacer hervir el caldo. Reduce a fuego lento y cuece la mezcla entre 45 minutos y 1 hora (hasta conseguir la concentración que desees). Cuela el caldo y viértelo en un bol o jarra, separándolo de los sólidos. Mezcla las bayas de goji, el aceite de cáñamo y la pasta de miso. Añádelos al caldo y bátelo para emulsionarlo, en varias tandas si no te cabe todo de una vez. Tómalo caliente en una taza.

Puedes conservarlo en la nevera hasta una semana o en el congelador durante varios meses.

CALDO CURATIVO

A todos los efectos, este caldo rico en cúrcuma y un poco picante puede clasificarse como una sopa antigripal y antirresfriados (en el mundo de la naturopatía, estos ingredientes se consideran una gran ayuda para el sistema inmunitario), pero esta receta va más allá. Gracias a la abundancia de nutrientes antiinflamatorios y de antioxidantes, obtenidos de algunos de los más poderosos superalimentos restauradores del planeta (como la cúrcuma, el *reishi* y las bayas de goji), este caldo es verdaderamente curativo, una auténtica herramienta de recuperación de todos los tipos de estrés, trastornos y lesiones. Tómalo de forma habitual o siempre que necesites amorosos cuidados curativos.

PARA UNAS 10 TAZAS / 8 RACIONES

2 cebollas amarillas
2 cucharadas soperas
de aceite de coco
2 tallos de apio en cuartos
2 zanahorias en cuartos
3 cucharadas soperas
de vinagre de sidra
de manzana
3,75 l de agua (16 tazas)
4 dientes de ajo pelados
y aplastados
5 cm de raíz de jengibre
fresca cortada
1 cucharadita de cúrcuma
en polvo
1 cucharada sopera de seta
reishi en polvo
1 cucharadita de pimienta
en grano
½ cucharadita de polvo
de cayena o al gusto
⅓ de taza de bayas de goji
deshidratadas
3 cucharadas soperas
de pasta amarilla de miso

Lava las cebollas enteras y córtalas por la mitad, dejando la piel.

En una olla sopera grande, calienta 1 cucharada de aceite de coco a temperatura media, dejando que se extienda por toda la base de la olla. Coloca con cuidado las mitades de cebolla hacia abajo, en el aceite. Añade el apio y las zanahorias y dóralos durante 10 minutos, hasta que las cebollas estén marrones (no remuevas las hortalizas mientras se están cocinando). Agrega el vinagre y remueve rápidamente para hacer una salsa con lo que queda en el fondo de la olla. Incorpora el agua, el ajo, el jengibre, el *reishi*, la pimienta en grano y la cayena. Sube a fuego fuerte y lleva la mezcla a ebullición. Luego reduce a fuego lento y cocínala durante 1 hora. Cuela el caldo y separa los sólidos. Mézclalo con las bayas, el miso y la cucharada restante de aceite de coco. En pequeñas cantidades, vierte el caldo en la batidora y bátelo. Tómalo caliente en una taza.

Puedes conservarlo en la nevera hasta una semana o en el congelador durante varios meses.

SOPAS FRÍAS

Las sopas frías son completamente deliciosas. Estas recetas suelen servirse frías al principio de las comidas (aunque tienen suficiente consistencia para convertirse en platos ligeros). Son una forma perfecta de refrescarse y de disfrutar las sopas de superalimentos durante los meses más cálidos. Para aprovechar las ventajas de sus ingredientes, prueba delicias de temporada como el gazpacho de melocotones y uvillas (página 107), una explosión del sabor dulce y ácido de las uvillas y la vitamina C de las bayas de camu camu, o la relajación de una sencilla vichys-soise de berros (página 99), una sopa de hojas verdes con sabor a pimienta que resulta deliciosa tomada en taza.

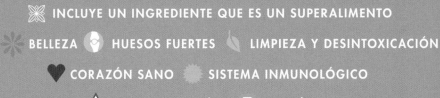

※ INCLUYE UN INGREDIENTE QUE ES UN SUPERALIMENTO

✳ BELLEZA 🥛 HUESOS FUERTES 🌿 LIMPIEZA Y DESINTOXICACIÓN

♥ CORAZÓN SANO ✺ SISTEMA INMUNOLÓGICO

💧 BAJO EN CALORÍAS ⬡ PROTEÍNAS

VICHYSSOISE DE BERROS

La *vichyssoise* es una sopa francesa clásica, por lo general preparada con puerros, cebollas, patatas, caldo de pollo y nata. Esta es una versión vegetal que gracias a la base reconfortante de berro y un poco de hinojo, da lugar a una sopa deliciosamente fresca con un sutil punto a pimienta.

PARA UNAS 8 TAZAS / 6 RACIONES

2 cucharadas soperas
de aceite de oliva, 1 de ellas
para aderezar
1 puerro grande (solo las partes
verde clara y blanca),
cortado fino
½ cebolla amarilla cortada fina
1 bulbo de hinojo mediano
(250 g) en dados, más unas
pocas ramas para aderezar
450 g de patatas rojas peladas
y cortadas en dados de 1,5 cm
1 cucharadita de semillas
de hinojo
1 cucharadita de tomillo fresco
picado
5 tazas de caldo vegetal, casero
(página 84) o envasado
1 pizca de sal
½ cucharada de pimienta
molida
¼ de taza de anacardos crudos
1 puñado de berros (unas tres
tazas llenas), limpios

Calienta el aceite en una olla de fondo grueso a temperatura media-baja. Añade el puerro, la cebolla y el hinojo, y cocínalos durante 3-4 minutos, o hasta que los vegetales empiecen a quedar transparentes. Añade las patatas, las semillas de hinojo, el tomillo, el caldo, la sal y la pimienta molida, y sube a temperatura alta. Hazlo hervir y luego reduce el fuego a medio-bajo. Cuécelo a fuego lento hasta que las patatas estén muy blandas, unos 25-30 minutos. Retira la olla del fuego y añade los anacardos y los berros. En pequeñas cantidades, si hace falta, vierte la sopa en la batidora y tritúrala hasta que quede cremosa; añade un poco de agua para diluirla si te queda demasiado espesa. Salpimenta a tu gusto. Déjala enfriar durante unas 2 horas y sírvela con la cucharada de aceite restante y un par de ramitas de hinojo encima.

Variación: *aunque la* vichyssoise *suele servirse fría, también puedes tomarla caliente. Calienta la sopa con cuidado a baja temperatura. También puedes añadir 2 o 3 tazas de quinoa cocida para obtener un plato más consistente.*

SOPA DE ALGA *NORI* Y AGUACATE CON ARROZ CRUJIENTE

Esta sopa inspirada en la cocina asiática es muy rápida y sencilla de preparar, tanto que casi es como una sopa instantánea. Para hacerla más consistente, solo hay que añadir al bol una ración de arroz integral o quinoa y mezclarla con la sopa. Esta es una comida rápida y sencilla, pero también sirve como un buen aperitivo.

PARA 4 TAZAS / 4 RACIONES

2 láminas de algas *nori*
1 taza de aguacate machacado
(2 medianos o 1 grande)
3 tazas de agua
1 cucharada sopera de pasta
amarilla de miso
1 ½ cucharaditas de vinagre
de vino de arroz
½ taza de arroz integral
crujiente sin azúcar
¼ de taza de semillas
de sésamo tostadas

Desmenuza con las manos las láminas de *nori* en un bol grande, rompiéndolas en trozos pequeños. Añade la mitad del *nori* a una batidora y reserva la otra mitad como aderezo. Incorpora el aguacate, el agua, la pasta de miso y el vinagre de vino de arroz a la batidora y tritúralos hasta conseguir una textura cremosa. Pruébala para condimentarla y añade más miso (para salar) o más vinagre (para hacerla más ácida), a tu gusto. Guarda la sopa en la nevera hasta que se enfríe, unos 30 minutos. Viértela en boles pequeños y aderézala con el resto del *nori*, el arroz integral crujiente y las semillas de sésamo.

> **EXTRA DE SUPERALIMENTOS:** añade 1 cucharadita de espirulina en polvo a los ingredientes antes de batirlos. Le dará a la sopa un color verde más oscuro, pero no le cambiará el sabor. En cambio, añadirá un extra de minerales y nutrientes beneficiosos para tu sistema inmunitario.

SOPA DE YOGUR Y PEPINO CON GARBANZOS TOSTADOS Y *HARISSA* DE GOJIS

Podría comer esta sopa todos los días de verano y sería feliz. Es un primer plato líquido increíblemente sabroso y ligero que queda bien con todo, y una vez tengas los garbanzos tostados, puede mezclarse justo antes de servirla.

PARA 5 TAZAS / 4 RACIONES

1 ½ tazas de garbanzos cocidos (página 26) o 1 envase de 425 g

3 cucharadas soperas de *harissa de gojis* (página 241), o *harissa* envasada

Sal marina y pimienta negra molida

2 tazas de yogur de leche de coco sin azúcar (o yogur natural de leche vegetal)

2 tazas de pepinos persas (pequeños; unos 450 g)

½ taza de hierba de trigo en polvo (opcional)

2 cucharadas soperas de menta fresca picada y algunas hojas enteras para aderezo

1 cucharada de zumo de limón exprimido

Agua

Precalienta el horno a 200 °C. Cubre la bandeja con papel de hornear. Lava los garbanzos y sécalos con cuidado con un paño de cocina limpio para eliminar la humedad. Ponlos en un bol y retira las pieles que hayan podido soltarse. Añade 2 cucharadas de pasta *harissa* y un pellizco de sal y pimienta y mézclalo todo bien para cubrir los garbanzos. Extiéndelos sobre el papel de hornear y mete la bandeja en el horno. Hornéalos durante 25-30 minutos y dales la vuelta cada 8 minutos o cuando veas que están ligeramente dorados y crujientes por fuera. Retíralos del horno y deja que se enfríen.

Haz la sopa mientras los garbanzos están tostándose. Pon el yogur, el pepino, la hierba de trigo, la menta, el zumo de limón y ½ cucharada de sal en la batidora. Tritura la mezcla solo un momento (el pepino no debería quedar completamente triturado). Guárdala en la nevera y deja que se enfríe hasta la hora de servirla.

Para servirla, vierte la última cucharada de *harissa* en un bol pequeño y añade 2 cucharaditas de agua para aligerar la pasta. Reparte la sopa en boles y rocía con la mezcla de *harissa* y agua. Utiliza el cuchillo o un palillo para repartirla decorativamente sobre la superficie de la sopa, y luego ponle por encima un montoncito de los garbanzos tostados. Decora con las hojas de menta.

GAZPACHO DE MELÓN Y LIMÓN CON ACEITE DE ESPIRULINA

Esta es la sopa que preparo para impresionar a mis visitantes. Entre tú y yo, es su-perfácil de hacer, pero los sabores son espectaculares y sofisticados: van del dulce al pi-cante, pasando por el salado y el refrescante. Y por si todo esto no fuera bastante, esta sopa es verdaderamente fabulosa para la piel. Sin embargo, debes saber que su secreto está en el aderezo, así que no te saltes ninguno de los ingredientes: están ahí para algo más que para embellecer la receta.

PARA 5 TAZAS / 4 RACIONES

6 tazas de melón de piel lisa cortado en dados (sin piel ni semillas)

¼ de taza de zumo de naranja recién exprimido

1 cucharada de zumo de espino cerval de mar

¼ de cucharadita de polvo de bayas de camu camu

¼ de cucharadita de chile poblano seco en polvo

1 pellizco de cayena

½ cucharadita de sal marina

½ cucharadita de pimienta negra molida

2 cucharadas soperas de ralladura de limón, y un poco más para servir

2 ½ cucharaditas de zumo de limón recién exprimido

12 aceitunas negras en aceite picadas finas

2 cucharadas soperas de bulbo de hinojo picado fino

1 cucharada sopera de aceite de oliva

¼ de cucharadita de espirulina en polvo

2 cucharadas soperas de hojas de hinojo para decorar

Bate juntos el melón, el zumo de naranja, el zumo de espino cerval, el camu camu, el chile, la cayena, la sal, la pimienta, las 2 cucharadas de ralladura de limón y 2 cucharaditas de zumo de limón. Guárdalo en la nevera y déjalo enfriar 30 minutos antes de servir.

Mientras se enfría, mezcla en una taza pequeña las aceitunas, el hinojo picado y ½ cucharadita de zumo de limón. Deja enfriar esta mezcla hasta que la sopa esté lista.

Justo antes de servir, mezcla el aceite y la espirulina en una salsera. Mezcla la sopa y viértela en boles fríos. Añádele un chorro de aceite y espirulina y la salsa de aceitunas e hinojo, y luego un poco de ralladura de limón y las hojas de hinojo. Incluso en frío, esta sopa es muy difícil de conservar, así que *carpe diem* prepárala y disfrútala el mismo día.

Variación: *para conseguir otro sabor, puedes excluir el espino cerval de mar, el camu camu en polvo y/o la espirulina en polvo…, aunque recuerda que estos son sus ingredientes más potentes y saludables. También puedes sustituir el melón de piel lisa por la variedad cantalupo.*

SOPA DE AGUACATE Y GUISANTES

Gustavo, la rana de Barrio Sésamo, se equivocaba: no es verdad que sea difícil ser verde, y esta sopa lo demuestra. Esta receta verde, humilde y cremosa se prepara rápido y es lo bastante sabrosa para despertar los celos hasta de un batido de superalimentos.

PARA 6 TAZAS / 4 RACIONES

1 taza de aguacate machacado
2 tazas de guisantes congelados
¼ de taza de yogur de leche de coco (o yogur natural de cualquier otra leche vegetal), reservando un poco para aderezar
3 ½ tazas de agua
4 cucharaditas de vinagre de *umeboshi* (ciruelas japonesas)
2 tazas de espinacas *baby*
½ taza de hojas de menta picadas, más otro poco para aderezar
1 cucharadita de espirulina en polvo
Aceite de oliva para aderezar
Zumaque en polvo para aderezar

Tritura el aguacate, los guisantes, el yogur, el agua y el vinagre de *umeboshi* hasta que consigas una consistencia cremosa. Añade las espinacas, la menta y la espirulina y sigue batiendo. Deja enfriar la mezcla durante 30 minutos antes de servir. Sírvela fría con un chorrito de yogur, aceite de oliva, un pellizco generoso de zumaque y unas pocas hojas de menta esparcidas por encima.

EXTRA DE SUPERALIMENTOS: añade ¼-½ de cucharadita de camu camu en polvo para un extra de vitamina C, que ayuda al cuerpo a absorber más eficazmente el hierro de las espinacas.

QUÉ ES EL VINAGRE DE *UMEBOSHI*

El vinagre de *umeboshi* está hecho de ciruelas, una exquisitez japonesa que es salada y ácida, muy apreciada por mejorar la digestión y que ayuda a desintoxicar el organismo. Aunque este vinagre se vende en muchos sitios, si no lo encuentras, lo puedes sustituir por vinagre de vino tinto, y añadir un pequeño extra de sal a la receta.

GAZPACHO DE MELOCOTONES Y UVILLAS

Esta es una sopa de sabor fuerte y ácido, una forma tentadora de limpiar el organismo y animar el paladar. Te recomiendo usar melocotones frescos y jugosos, pero si no es la temporada, puedes utilizarlos en conserva (por supuesto, sin almíbar u otros azúcares).

PARA 4 TAZAS / 4 RACIONES

4 melocotones medianos muy maduros, pelados, sin hueso y cortados (unas 3 tazas)
⅓ de taza de uvillas secas
½ taza de pimiento morrón amarillo cortado
3 cucharadas soperas de vinagre de vino blanco
1 cucharada sopera de zumo de limón exprimido
½ cucharadita de sal marina
¼ de cucharadita de pimienta blanca o negra molida
1 cucharada sopera de jarabe de agave o de otro edulcorante
1 cucharadita de aceite de oliva
1 ½ tazas de agua de coco
1 pizca de cayena
½ taza de yogur de leche de coco sin azúcar (o de yogur natural elaborado con leche vegetal), para servir
¼ de taza de pistachos picados para aderezar

Bate todos los ingredientes (menos el yogur y los pistachos) hasta conseguir una textura cremosa. Prueba la mezcla y condiméntala a tu gusto. Déjala enfriar durante 30 minutos antes de servirla. Sírvela en boles pequeños, rocíala generosamente con el yogur de coco y añádele unos pistachos.

EXTRA DE SUPERALIMENTOS: añade un puñadito de bayas de goji mientras trituras los principales ingredientes de la sopa, y obtendrás una dosis extra de antioxidantes (como el licopeno).

SOPA FRÍA DE JENGIBRE Y ZANAHORIA

Dulce y suave, con solo una pequeña cantidad de especias, esta encantadora sopa cruda se prepara en un momento, y demuestra que las recetas geniales no tienen por qué ser complicadas. Un poco de aceite de oliva hace maravillas para lograr que sea supercremosa. Gracias a los antioxidantes de las bayas de goji y las zanahorias, esta receta es estupenda para cuidar la vista y la piel.

PARA UNAS 5 TAZAS / 4 RACIONES

4 tazas de zumo natural de zanahoria
- 1/3 de taza de bayas de goji secas
2 cucharadas soperas de piñones
1/2 taza de aguacate machacado
- 1 cucharada sopera de jengibre fresco rallado
2 cucharadas soperas de zumo de lima recién exprimido
2 cucharadas soperas de aceite de oliva (opcional)
- 1/4 de cucharadita de bayas de camu camu en polvo
1/4 de cucharadita de cayena
1/8 de cucharadita de sal marina

Mezcla todos los ingredientes en una batidora y tritúralos hasta que quede una mezcla de textura suave. Enfríala durante al menos 30 minutos antes de servirla para dejar que los sabores se mezclen bien.

Aderezo opcional: 1/4 de taza de piñones, 4 cucharaditas de bayas de goji secas, 1/4 de taza de hojas de estragón picadas y 1/4 de taza de yogur de coco sin azúcar. Divídelo todo entre las raciones.

GAZPACHO DE GOJI Y SANDÍA

Me resulta muy difícil elegir mi comida veraniega favorita, pero no puedo olvidar la dulce e hidratante sandía. Es un acompañamiento ideal para esos largos y perezosos días de pies descalzos y vida en el porche, o para las veladas de calor bochornoso, cuando lo que más apetece es una sopa fría, como este gazpacho de frutas. En esta receta, la sandía se une a su pariente refrescante, el pepino, y a las dulces bayas de goji para ofrecernos este plato único.

PARA 5 TAZAS / 4 RACIONES

5 tazas de sandía cortada
2 tazas de pepino pelado y cortado
¼ de cucharadita de pimienta negra molida
½ taza de bayas de goji secas
¼ de taza de albahaca fresca picada
1 pimiento jalapeño rojo, sin semillas y picado
¼ de taza de zumo de lima fresco
¼ de cucharadita de sal marina

Mezcla en un bol parte de la sandía y el pepino troceados (una taza de cada) , añade la pimienta y mezcla para combinarlos. Tápalos y déjalos enfriar hasta que estén listos para servir.

Tritura el resto de los ingredientes en la batidora. Deja enfriar la sopa durante un mínimo de 30 minutos. Para servir, repártela en boles y aderézala con la mezcla de trozos de sandía y pepino.

SOPA DE ZUMO VERDE CON ARROZ Y FIDEOS DE PEPINO

Puede sonar raro, pero esta sopa cruda para tomar cuando hace calor no podría ser más saciante y saludable. Puedes convertirla en un plato principal ligero añadiéndole algo de tofu y doblando el tamaño de la ración, o llevarla al trabajo en un tarro de cristal para disfrutar de una comida envidiablemente sana.

PARA UNAS 6 TAZAS / 4 RACIONES

1 pepino grande
½ cucharadita de sal marina
▨ 2 tazas de zumo verde recién
hecho,* frío
1 cucharada sopera de pasta
amarilla de miso
▨ ¼ de cucharadita de *kelp*
en gránulos
⅛ de cucharadita de cayena
1 taza de arroz integral de grano
corto cocido
1 aguacate grande cortado
en dados de 1,5 cm
½ taza de tofu suave cortado
en dados de 1,5 cm
¼ de taza de anacardos crudos
picados
2 cebolletas, las partes blanca
y verde clara, picadas finas
▨ 1 cucharadita de *dulse* en copos
½ cucharadita de semillas de
sésamo negras para aderezo
▨ Hojas de cilantro frescas
para aderezo
Flores comestibles para aderezo
(opcional)

---

* Para conseguir aún mejores resultados,
usa tu zumo verde sin azúcar favorito
(casero o envasado). Si lo vas a comprar
en lugar de prepararlo, busca una marca que contenga sobre todo pepino y
zumo de apio, con otras verduras y muy
pocas o ninguna fruta (el contenido de
azúcar debe estar por debajo de 12 g
por ración). Otro posible añadido son
el jengibre y el limón. Si no encuentras
zumo verde, es fácil prepararlo en casa:
mezcla un pepino machacado con 1 taza
de agua y presiónalo a través de un tamiz
de malla fina o de una bolsa de leche de
nuez (o puedes usar una licuadora).

Quítale las puntas al pepino. Usa un cortador en espiral para cortarlo en forma de espaguetis. También puedes emplear un pelador de vegetales para hacer fideos más anchos. Luego córtalos a una longitud más manejable, de unos 15 cm. Colócalos en un escurridor, añádeles sal y mézclalos bien. Pon el escurridor sobre un bol y deja que los fideos escurran el líquido durante 15 minutos. Acláralos bien y escurre el líquido sobrante para que los fideos queden flexibles y crujientes. Déjalos enfriar hasta que vayas a usarlos.

Echa en el vaso de la batidora el zumo verde, la pasta de miso, el *kelp* y la cayena y mézclalo todo hasta que quede una textura suave. Prueba la mezcla para comprobar que ha quedado fuerte, pero fresca y sabrosa. Si hace falta, condiméntala: añade más miso para un sabor más salado o un poco de limón para darle más acidez. Agrega un poco de agua para suavizar la textura, si te gusta más diluida.

Para cada ración, coloca ¼ de taza de arroz en un bol poco profundo. Añade ¼ del pepino encima del arroz y cúbrelo con ¼ del aguacate y un poco de tofu. Vierte ½ taza del caldo de zumo verde en el bol y luego esparce por encima los anacardos picados, la cebolleta, el *dulse* en copos, las semillas de sésamo negras, un par de hojas de cilantro y flores, si vas a usarlas. Sírvela fría. Esta sopa se conserva hasta dos días en la nevera.

SOPA FRÍA DE COCO Y CÚRCUMA

Esta sopa cruda y cremosa te permite disfrutar de un amplio espectro de sabores gracias al toque del *kelp*. Asegúrate de usar cocos frescos tailandeses (son los lisos de color blanco) y no los marrones, que están cubiertos de unas fibras alargadas como pelos (la variedad antigua), que harían que esta sopa quedara demasiado espesa.

PARA 5 TAZAS / 4 RACIONES

2 cocos jóvenes de Tailandia, los de color blanco
¼ de taza de zumo de naranja recién exprimido
½ taza de pimiento morrón naranja picado
1 cucharadita de chalote picado
1 chile serrano sin semillas picado
½ cucharadita de cúrcuma en polvo, y algo más para el aderezo
1 ½ cucharaditas de *kelp* en gránulos
2 cucharaditas de raíz de jengibre recién rallada
1 cucharada sopera de zumo de lima exprimido
½ cucharadita de sal marina
¾ de taza de hielo
Hojas de albahaca tailandesa para aderezo (opcional)

Abre los cocos y retira el agua y la pulpa blanca del interior. Pon la pulpa en la batidora y añádele 2 ½ tazas de agua de coco. Mezcla hasta que quede un puré de textura cremosa y suave. Agrega el zumo de naranja, el pimiento morrón, el chalote, el chile serrano, la cúrcuma, el *kelp*, el jengibre, el zumo de lima y la sal. Bátelo de nuevo. Echa el hielo, remuévelo y deja enfriar la mezcla durante 30 minutos. Antes de servir, vuelve a darle un golpe de batidora. Adereza cada bol con una pizca de cúrcuma y unas hojas de albahaca.

> **EXTRA DE SUPERALIMENTOS:** no te preocupes si no puedes encontrar cocos jóvenes. Sustitúyelos por 1 lata de leche de coco (no uses la baja en calorías), 1 taza de agua de coco y 2 cucharadas de aguacate machacado. Esto puede reemplazar a los 2 cocos jóvenes (la pulpa y el agua) que se usan en esta receta.

SOPA FRÍA DE ALMENDRAS CON UVAS E HINOJO

Esta es mi versión en superalimento del ajoblanco, una popular sopa española que tradicionalmente se prepara con almendras escaldadas. Es una receta que hace relucir la piel, gracias a las saludables grasas monoinsaturadas presentes en abudancia en las almendras. El aceite de oliva ayuda a mantener la hidratación de la piel, mientras que la hierba de trigo en polvo mantiene el cuerpo limpio y puro el interior. Si quieres conseguir una verdadera comida atractiva en todos los sentidos, sirve esta sopa de sabor delicado con una ensalada preparada con hortalizas de calidad, compradas directamente a los agricultores en los mercados de frutas y verduras.

PARA UNAS 6 TAZAS / 4 RACIONES

2 bulbos de hinojo con tallos de tamaño grande
5 tazas de agua
1 taza de almendras crudas
¼ de taza de aceite de oliva, y un poco más para servir
1 cucharada sopera de zumo de limón recién exprimido
1 cucharadita de vinagre de sidra de manzana
¾ de cucharadita de sal marina
½ taza de hielo
2 cucharaditas de hierba de trigo en polvo
⅔ de taza de uvas rojas frescas sin semilla

Corta la parte verde de los bulbos de hinojo y reserva los tallos para adornar la sopa. Con una mandolina, corta uno de los bulbos en rodajas finísimas (del grosor del papel), hasta obtener ¼ de taza aproximadamente. Sumerge las rodajas en agua con hielo y resérvalas para aderezar. Pica en dados el resto de los hinojos.

Hierve 3 tazas de agua en una olla pequeña. Coloca las almendras en un bol y vierte el agua hirviendo encima. Déjalas reposar durante 3-4 minutos y luego cuela el agua. Después de escaldarlas, quítales la piel.

En una batidora, mezcla las almendras peladas, los dados de hinojo, el aceite de oliva, el zumo de limón, el vinagre de sidra de manzana, la sal marina y las dos tazas de agua fría restantes si hace falta (la sopa debe ser espesa, pero fácil de mezclar). Incorpora el hielo y mézclalo bien. Vierte 3 tazas de sopa en una jarra de 1 l. Añade la hierba de trigo en polvo a la sopa que queda en la batidora y bátela para mezclarlo todo. Vierte la mezcla verde en una jarra distinta. Deja enfriar las dos partes durante 30 minutos (deben estar completamente frías).

Para servir la sopa, ve alternando la mezcla verde y la blanca en cada bol una o dos veces y pasa un cuchillo por la superficie para crear una espiral decorativa. Añade encima las uvas cortadas por la mitad, unas rodajas de hinojo y algunos tallos, para acabar con unas pocas gotas de aceite de oliva.

SOPA DE RÚCULA *EARL GREY*

El té *Earl Grey* debe su sabor excepcional a la mezcla de té negro y esencia de bergamota, una fragancia que recuerda a la lavanda y a las flores de azahar. En otras palabras, el cielo. El sabor de este popular té complementa distintos tipos de alimentos, desde el hinojo y las manzanas hasta la rúcula. Esta receta es un gran ejemplo de cómo usar té en lugar de caldo para crear sabores sorprendentes y atractivos, a la vez que saludables.

PARA 6 TAZAS / 4 RACIONES

5 ½ tazas de agua
4 bolsas de té *Earl Grey*
2 cucharadas soperas de aceite de oliva
½ cebolla amarilla picada fina
1 hinojo grande picado fino (unas 2 tazas)
2 manzanas *Fuji* grandes sin corazón, picadas finas
1 tallo de apio picado fino
Sal marina y pimienta negra molida
3 tazas colmadas de rúcula *baby*
1 cucharada sopera de azúcar de coco
¼ de taza de anacardos crudos
2 cucharadas soperas de zumo de limón exprimido

Hierve el agua en una cacerola mediana. Retira la olla del fuego y añade las bolsas de té. Déjalo infusionar al menos 10 minutos o hasta que lo necesites para la sopa. Calienta el aceite en una olla de fondo grueso a fuego medio. Añade la cebolla, el hinojo, la manzana, el apio, ½ cucharadita de sal y un poco de pimienta. Saltea durante 6-7 minutos hasta que se ablanden, removiendo de vez en cuando.

Retira las bolsas de té y añade el líquido a las verduras. Haz hervir la mezcla a fuego alto, tápala, baja el fuego a media temperatura y déjala hervir durante 10 minutos. Retírala del fuego y añade la rúcula, el azúcar de coco, los anacardos y el zumo de limón. En partes si no te cabe toda, viértela en la batidora y tritúrala hasta que quede una textura suave. Rectifica los condimentos si hace falta. Pon la sopa en un recipiente y déjala enfriar al menos durante 2 horas, o hasta que esté fría, antes de servirla.

EXTRA DE SUPERALIMENTOS: para disfrutar de los beneficios de más de setenta vitaminas y minerales, cuando la sopa esté fría, añádele 1 cucharadita de hierba de trigo en polvo y deja que se disuelva.

SOPA DE CHOCOLATE FRÍO (POSTRE)

Sí, hoy hay sopa de postre: esta receta es una forma inesperada, deliciosa y elegante de acabar una comida. Además, te dejará una sensación genial gracias a la energía que proporcionan la maca y el cacao. Te recomiendo que uses jarabe de arce de grado B en esta receta, porque tiene más sabor que el de grado A y hace brillar las notas del aroma profundo del cacao.

PARA 5 TAZAS / 4 RACIONES

2 aguacates *Hass* pelados
y sin hueso

½ taza de cacao en polvo,
y un poco más para aderezar

2 cucharaditas de maca
en polvo

1 cucharadita de extracto
de vainilla

1 pizca de sal marina

3 tazas de leche de almendras
sin endulzar, y algo más para
aderezar

⅓ de taza de jarabe de arce
(mejor de grado B)

1 lata de 400 ml de leche de
coco con toda su grasa, enfriada
en la nevera toda la noche

Mezcla en la batidora los aguacates, el polvo de cacao, la maca, la vainilla, la sal marina, la leche de almendras y el jarabe de arce. Tritúralo todo hasta que quede una crema de textura suave. La sopa debe quedar ligera y cremosa; si la ves demasiado espesa, añade un poco más de leche de almendra hasta conseguir la textura que desees. Déjala enfriar en la nevera durante 1 hora antes de servirla. Enfría también boles individuales y un bol pequeño para mezclar.

Justo antes de servir, saca la lata de leche de coco de la nevera. Pon la leche solidificada en un bol frío y descarta el agua sobrante. Remuévela hasta conseguir una crema de textura suave. Para servir, vierte la sopa en los boles individuales fríos, adórnala con 1 cucharada de la crema de coco y espolvoréale por encima un poco de cacao.

Variaciones: Si añades un poco de canela en polvo y una pizca de cayena, tendrás una increíble versión chile-chocolate de este postre. Si prefieres una versión chocolate-menta, agrega un poco de extracto de menta.

CREMAS Y SOPAS TRITURADAS

A muchos de nosotros, la simple mención de la palabra crema *nos hace responder con un sí rotundo. Las sopas de este capítulo son deliciosamente cremosas, pero además son saludables, están hechas con ingredientes exquisitos y te permitirán disfrutar de una amplia gama de sabores. Puedes recrearte en variedades sabrosas y purificantes como la sopa de muchos verdes (página 132), deleitarte con clásicos actualizados, como la sopa de puerros y patata (página 136) o probar algo realmente original, como la crema de boniato y jengibre con espino cerval de mar (página 121). ¿Estás listo para rebañar hasta la última gota de tu bol de sopa?*

INCLUYE UN INGREDIENTE QUE ES UN SUPERALIMENTO

BELLEZA ⬤ HUESOS FUERTES 🍃 LIMPIEZA Y DESINTOXICACIÓN

♥ CORAZÓN SANO ✴ SISTEMA INMUNOLÓGICO

⬤ BAJO EN CALORÍAS ⬡ PROTEÍNAS

SOPA DE MAÍZ FRESCO

El secreto a voces para preparar una sopa de maíz realmente sabrosa es usar las mazorcas enteras. La verdad es que casi me siento mal por las recetas de sopa de *maíz* que no usan la mazorca, por perderse todo su delicioso potencial. Esta sopa es delicadamente compleja (no notarás en absoluto el sabor del *reishi* pero sí su poder energizante) y perfecta para el verano y el principio del otoño, cuando el maíz está supercrujiente y dulce.

PARA UNAS 7 TAZAS / 4 RACIONES

6 mazorcas de maíz descascarilladas
8 tazas de agua
Sal marina y pimienta negra machacada
1 cucharada sopera de aceite de coco
1 cebolla amarilla dulce (como la variedad Vidalia) picada
1/9 cucharadita de cayena
2 cucharaditas de *reishi* en polvo
2 cucharadas soperas de zumo de lima recién exprimido
2 cucharadas soperas de cebollinos picados
Aceite de oliva para aderezar

> **CONSEJO:** Usa siempre maíz orgánico. Se considera que el maíz cultivado de forma convencional está genéticamente modificado.

Separa los granos de las mazorcas y resérvalos en un bol (deberías obtener 4 ½ tazas). Coloca las mazorcas en una cacerola grande, cúbrelas con el agua y añade ½ cucharadita de sal. Hiérvelas a fuego lento durante 1 hora o hasta que el líquido se reduzca al equivalente a 2 tazas. Desecha las mazorcas y cuela el caldo con un colador fino. Viértelo en un recipiente y déjalo aparte de momento, fuera de la nevera.

En la misma cacerola, y después de aclararla, calienta el aceite de coco a fuego medio y añade la cebolla. Cocínala hasta que quede transparente, unos 3-4 minutos. Agrega los granos de maíz, la cayena y un puñado generoso de sal y pimienta negra. Cocínalo todo durante 12-15 minutos, removiendo de vez en cuando, hasta que el maíz esté tierno. Retira la cacerola del fuego y añade el caldo, el *reishi* y el zumo de lima. Tritura la sopa en la batidora hasta conseguir una textura muy suave (hazlo por partes si no te cabe toda). Pruébala y corrige la sal y la pimienta si hace falta. Repártela en boles individuales, decóralos con los cebollinos y con un chorrito de aceite y sirve.

CREMA DE KALE

Esta crema tiene el sabor de esos platos que te hacen desabrocharte el cinturón después de comer, pero cuando ves los ingredientes, está claro que es tan sana que podemos considerarla purificante. Tiene poquísimas calorías y una impresionante cantidad de micronutrientes. La coliflor triturada forma una crema riquísima, y al añadir kale *baby* al final de la preparación, sabes que la sopa tendrá la mayor cantidad de vitaminas posible. Puedes triturar el kale por completo o en parte, si te seduce la idea de una crema en la que notes la textura de las hojas tiernas.

PARA 6 TAZAS / 4 RACIONES

2 cucharadas soperas de aceite de coco
½ cebolla blanca picada fina
2 tallos de apio picado fino
2 dientes de ajo picado
4 tazas de coliflor, cortada fina (los cogollos y los tallos)
4 tazas de caldo de miso casero (página 87) o envasado
2 cucharadas soperas de levadura nutricional en copos
1 cucharada sopera de zumo de limón recién exprimido
1 chorro de tu salsa picante favorita (opcional)
4 tazas de kale *baby*
Sal marina y pimienta negra molida

Calienta el aceite en una olla de fondo grueso, a fuego medio. Añade la cebolla, el apio y el ajo y saltéalos durante 3-4 minutos o hasta que la cebolla tome un aspecto transparente. Agrega la coliflor y cocina esta mezcla durante 1 minuto más. Incorpora el caldo de miso y sube a fuego fuerte. Cuando la sopa hierva, tápala y reduce la temperatura a media-baja. Hierve a fuego lento durante 15 minutos o hasta que la coliflor esté muy tierna. Retira del fuego y añade la levadura, el zumo de limón y la salsa picante, si vas a usarla. Tritura en la batidora hasta que quede un puré fino. Añade el kale y tritura solo un momento (puedes dejar trocitos para aportar textura a la crema o batirlo completamente para que quede un puré suave). Añade sal y pimienta a tu gusto.

Variación: *puedes convertir este puré en una comida completa si, después del kale, añades 1 ½ tazas de quinoa, rica en proteínas, o de alubias blancas.*

CREMA DE BONIATO Y JENGIBRE CON ESPINO CERVAL DE MAR

Los intensos sabores de esta crema son ideales para preparar un entrante, pero si realmente te gustan, puedes duplicar la cantidad y preparar raciones grandes. Si quieres reducir la cantidad de espino cerval de mar (es el ingrediente más caro de esta receta), basta con que añadas ½ cucharadita de zumo de lima para sustituir cada cucharada de zumo de espino cerval de mar, perfecto para imitar el sabor ácido de las bayas. (Para más información sobre el espino cerval de mar, echa un vistazo a la página 44).

PARA 4 TAZAS / 6 RACIONES

2 cucharaditas de aceite de coco
½ cebolla amarilla picada
1 zanahoria grande picada fina
1 diente de ajo pequeño picado fino
1 cucharada sopera de jengibre fresco rallado
½ cucharadita de cúrcuma en polvo
1 pellizco de cayena
250 g de boniatos pelados y cortados en dados de unos 1,25 cm (1 ¼ tazas)
2 tazas de caldo vegetal casero (página 84) o envasado
½ taza de leche de coco ligera (en lata)
⅓ de taza de zumo de espino cerval de mar
½ cucharada sopera de zumo de lima exprimido
1 cucharada sopera de jarabe de yacón o de arce, y algo más para aderezar
Sal marina y pimienta negra molida

Calienta el aceite en una olla de fondo grueso a fuego medio. Añade la cebolla, la zanahoria y el ajo y saltéalos durante 5 minutos, removiendo de vez en cuando. Incorpora el jengibre, la cúrcuma y la cayena y cocina 1 minuto más. Agrega los boniatos y el caldo y sube a fuego fuerte. Cuando hierva, tapa la olla y reduce a fuego medio-bajo. Hiérvelo a fuego lento durante 15 minutos, hasta que los boniatos estén bien blandos.

Vierte la mezcla en el vaso de la batidora y añade la leche de coco, el zumo de espino cerval de mar y el jarabe. Tritúrala hasta que quede un puré fino y añade sal y pimienta al gusto. Para servir la crema, viértela en boles individuales y vierte por encima un chorrito de jarabe.

CONSEJO: aquí tienes una idea divertida para empezar tu próxima fiesta: dales a tus invitados un bol pequeño de sopa de temporada tan pronto como atraviesen la puerta de tu casa. ¿Qué puede ser más tentador que una alegre degustación de una sopa saludable?

SOPA DE GOJI Y TOMATE CON ALBAHACA FRESCA

Las bayas de goji deshidratadas mejoran el sabor de los tomates con su seductor toque dulce, que queda equilibrado con el agradable sabor de la albahaca.

PARA 10 TAZAS / 6 RACIONES

1,4 kg de tomates, mejor de la variedad reliquia (variedad antigua, sin hibridar)
¼ de taza de aceite de coco
4 cabezas de ajo grandes picadas
1 ½ tazas de cebolla amarilla picada
⅔ de taza de apio picado
Sal marina y pimienta negra recién molida
½ taza de bayas de goji deshidratadas
4 tazas de caldo vegetal casero (página 84) o envasado
⅓ de taza de albahaca fresca picada y unas cuantas hojas enteras para aderezar
Agua filtrada (opcional)
2 cucharadas soperas de parmesano de semillas de cáñamo (página 247) para aderezar (opcional)

Corta los tomates por la mitad. Quita las semillas y el zumo y resérvalos en un bol. Corta los tomates en dados y resérvalos. Cuela el interior jugoso de los tomates con un tamiz fino o dos telas para queso usando el dorso de la cuchara o las manos para escurrir en un bol todo el líquido que sea posible (unos ⅔ de taza). Descarta la carne sobrante y las semillas y reserva el «zumo» del tomate.

Calienta el aceite de coco en una cacerola grande a fuego moderado. Añade el ajo, la cebolla, el apio y ½ cucharadita de sal marina y pimienta negra. Cocínalo removiendo a menudo hasta que las hortalizas estén blandas, unos 4-5 minutos. Agrega los tomates picados y cocínalos durante 4-5 minutos más, o hasta que empiecen a deshacerse. Añade las bayas de goji y el caldo vegetal. Haz hervir la mezcla y luego reduce el fuego y cuece a fuego lento durante 15 minutos. Retíralo del fuego e incorpora el zumo de tomate que has reservado y la albahaca. Vierte la mezcla en la batidora y tritúrala (trabajando por partes, si lo necesitas), hasta conseguir una textura suave, y si es muy espesa, añade ½-1 taza de agua hasta conseguir la consistencia deseada. Pruébala y corrige la sal y la pimienta a tu gusto.

Sirve la sopa caliente, aderezada con un par de hojas de albahaca y parmesano de semillas de cáñamo (página 247), como opción. En la nevera se conserva varios días.

EXTRA DE SUPERALIMENTOS: añade ¼ de cucharadita de albahaca sagrada, una hierba adaptógena que potencia un buen estado de ánimo y claridad mental.

SOPA DE PIMIENTOS ROJOS ASADOS CON CREMA FRESCA DE ESPINO CERVAL DE MAR

Añade una guarnición de ensalada rica en proteínas a esta sopa (y si te apetece una rebanada de pan), y ya tienes tu comida.

PARA 8 TAZAS / 4 RACIONES

4 pimientos morrones rojos
⅓ de taza de anacardos crudos
4 cucharadas soperas de zumo de espino cerval de mar
3 tazas + 3 cucharadas soperas de agua
Sal ahumada o sal marina
2 cucharadas soperas de aceite de oliva
1 cebolla roja picada
1 taza de hinojo picado fino (1 bulbo pequeño)
2 dientes de ajo picado fino
2 tomates medianos, sin semillas y picados
¼ de taza de bayas de goji deshidratadas
½ taza de vino blanco
1 pellizco de cayena
2 cucharadas soperas de hojas de albahaca picadas finas, para aderezar

Coloca un papel de hornear en la bandeja del horno y pon los pimientos encima. Ásalos dándoles la vuelta a menudo, hasta que la piel esté chamuscada por los dos lados (unos 15-20 minutos). Colócalos en una bolsa de papel y déjalos un rato en ella hasta que se enfríen y puedas pelarlos.

Mientras tanto, prepara la crema fresca de espino cerval de mar. Mezcla los anacardos, el zumo de espino cerval de mar, 3 cucharadas soperas de agua y ¼ de cucharadita de sal en la batidora. Tritúralo todo hasta obtener una textura suave. Vierte la mezcla en una jarra y guárdala en la nevera para que se enfríe. Deja algo de crema en la batidora para usarla cuando vayas a batir la sopa.

Para preparar los pimientos, quítales el corazón y las semillas y retira la piel. Hazlo sobre un bol para recoger algo del líquido que suelten (no escurras los pimientos, o se quedarán sin parte de su sabor). Córtalos en tiras largas y mantén la carne y el líquido aparte.

Calienta el aceite en una olla grande a fuego medio. Añade la cebolla, el hinojo y el ajo y rehógalos durante 5 minutos, removiendo con frecuencia. Agrega los pimientos asados, los tomates, las bayas de goji y el vino blanco. Luego incorpora

125

la cayena y ½ cucharadita de sal. Continúa rehogándolo durante 5-6 minutos, removiendo de vez en cuando, hasta que el líquido se haya evaporado. Añade las 3 tazas de agua restantes y sube a fuego alto. Cuando el líquido hierva, apártalo del fuego. Tritura esta mezcla en la batidora hasta conseguir una textura suave, por partes si no cabe todo. Añade sal a tu gusto. Para servir la crema, repártela en boles y añade un chorrito de crema fresca de espino cerval de mar y un poco de albahaca por encima.

SOPA DE ZANAHORIA CON *HARISSA*

La *harissa* (la salsa picante tan usada como condimento en el norte de África) transforma una rica sopa de zanahoria en una sopa genial en menos tiempo del que tardas en coger un bol. La *harissa* de goji usada en esta sopa no es muy picante, así que si te apetece algo más de intensidad (y quieres subir un poco en la escala de Scoville, sí, esa que sirve para medir el picor de los pimientos), añade uno o dos pellizcos extra de cayena.

PARA 6 TAZAS / 4 RACIONES

2 cucharadas soperas de aceite de oliva

1 cucharada sopera de semillas de comino

½ cebolla amarilla picada

450 g de zanahoria cortada en rodajas de un poco más de 5 mm

225 g de patatas *Yukon Gold*, cortadas en dados de 1,5 cm

1 cucharada sopera de maca en polvo

5 tazas de caldo de miso casero (página 87) o envasado

½ taza de zumo de zanahoria recién licuado

1 cucharadita de vinagre de sidra de manzana

1 cucharada sopera de *harissa* de goji (página 241) o *harissa* roja preparada, y algo más para aderezar

Sal marina y pimienta negra

¼ de taza de anacardos picados

EXTRA DE SUPERALIMENTOS: añade ½ cucharadita de cúrcuma en polvo cuando incorpores el caldo de miso.

Calienta el aceite de oliva en una olla de fondo grueso a fuego medio. Una vez caliente, añade el comino y caliéntalo hasta que libere su olor y empiece a saltar, aproximadamente 1 minuto. Incorpora la cebolla y la zanahoria y remueve rápido la mezcla para que no se quemen los cominos. Cocínala durante 10 minutos hasta que se ablanden las hortalizas, removiendo con frecuencia. Sube el fuego a temperatura alta y añade las patatas, la maca y el caldo. Haz hervir la mezcla, reduce el calor a medio-bajo y cocínala hasta que las patatas estén blandas, unos 20-25 minutos.

Vierte la sopa en el vaso o jarra de la batidora. Añade el zumo de zanahoria, el vinagre de sidra de manzana, la *harissa* y un pellizco generoso de pimienta negra molida. Tritúralo todo hasta que quede bien suave. Devuelve la crema a la olla y caliéntala durante 1-2 minutos; corrige de sal y pimienta si hace falta. Sírvela con un chorro de *harissa* al gusto, dependiendo del picante que quieras. Suele bastar 1 cucharadita por bol. Luego adereza la sopa con un puñadito de anacardos picados y sírvela.

CREMA DE HINOJO CON CONSERVA AGRIDULCE DE UVILLAS

Para serte sincera, puedes hacer una versión de esta sopa sin el *chutney* (la conserva de uvillas) y aún estará deliciosa (solo tienes que aderezarla con un par de hojas de hinojo y quedará perfecta). Pero igual que a veces te apetece vestirte para impresionar, el *chutney* de uvillas es un extra que dejará a todos con la boca abierta (por no mencionar el deseable añadido de nutrientes antiinflamatorios). Además, no tardarás mucho en prepararlo mientras la sopa se cocina. Así que, ¿por qué no lo pruebas?

PARA 6 TAZAS / 4 RACIONES

1 cucharada sopera de aceite de coco
1 cebolla amarilla de tamaño mediano picada fina
2 hinojos medianos sin tallos y cortados finos
½ taza de vino blanco seco
1 cucharadita de semillas de hinojo
4 tazas de caldo vegetal casero (página 84) o envasado
¼ de taza de semillas de cáñamo
Sal marina y pimienta negra molida
½ taza de conserva agridulce de uvillas (página 246), opcional

Calienta el aceite en una olla de fondo grueso a fuego medio. Añade la cebolla y las rodajas de hinojo y rehógalas 10 minutos, removiendo de vez en cuando, hasta que queden ligeramente doradas. Agrega el vino y las semillas de hinojo y cuece durante 2-3 minutos más, hasta que el vino se haya evaporado. Añade el caldo vegetal y sube a fuego alto. Una vez la mezcla hierva, reduce el fuego a medio-bajo y tapa la olla. Cocínala durante 20 minutos. Incorpora las semillas de cáñamo y luego tritúralo todo en la batidora, por partes si hace falta. Salpimenta, a tu gusto.

Si vas a usar el *chutney*, añade ¼ de taza a la sopa. Sírvela en boles, échale encima el *chutney* restante y espolvoréale un poco de pimienta negra.

SOPA DE MACA Y BONIATO CON *HARISSA* VERDE

A diferencia de lo que ocurre con muchos superalimentos superenergéticos, la maca aporta un sabor que no hace falta disimular. De hecho, con sabores complementarios como los que ofrecen las raíces y los tubérculos, puedes usarla como usarías una especia, manteniendo su sabor en primer plano. Esta sopa increíblemente estimulante tiene una rica base cremosa en la que destaca el sabor de la *harissa* verde. Cuando pruebes esta receta, presta mucha atención, y percibirás una nota agradable, ligeramente dulce, que recuerda al azúcar y mantequilla: es la maca.

PARA 6 TAZAS / 4 RACIONES

½ cucharadita de chili en polvo
¼ de cucharadita de canela molida
¼ de cucharadita de nuez moscada molida
¼ de cucharadita de comino molido
¼ de cucharadita de cilantro molido
1 cucharada sopera de aceite de coco
1 cebolla amarilla picada
4 dientes de ajo en láminas
450 g de boniatos gratinados y pelados
2 cucharadas soperas de maca en polvo
4 tazas de caldo vegetal casero (página 84) o envasado
¼ de taza de mantequilla de almendras
Sal marina y pimienta negra molida
¼ de taza de *harissa* verde casera (página 239) o preparada, o al gusto
Semillas de chía para aderezar
Hojas de cilantro para aderezar

En un bol pequeño, prepara una mezcla de especias con el chili en polvo, la canela, la nuez moscada, el comino y el cilantro. Resérvala.

Calienta el aceite de coco en una olla de fondo grueso a fuego medio. Añade la cebolla y rehógala hasta que se ablande, unos 7-8 minutos, removiendo de vez en cuando. Agrega el ajo y el preparado de especias y cocínalo 1 minuto más, removiendo constantemente. Incorpora los boniatos y la maca, y luego el caldo vegetal y la mantequilla de almendras. Haz hervir a fuego fuerte y a continuación bájalo a medio-bajo y deja que hierva 15 minutos. Tritúrala en la batidora hasta conseguir una textura fina. Condimenta al gusto con sal y una cantidad generosa de pimienta negra molida y añade un poco de agua para diluirla, si hace falta. Para conseguir una textura más suave, cuélala a través de un colador fino y caliéntala con cuidado hasta que alcance la temperatura óptima para servirla. Repártela en boles individuales y aderézala con una cucharada de *harissa* verde, un pellizco de semillas de chía y unas hojas de cilantro.

SOPA DE MUCHOS VERDES

¿Hace demasiado frío para tomar ensalada? La respuesta está en un bol de sopa reconfortante. Puedes usar cualquier variedad de verduras *baby* para prepararla: espinacas, berros, hojas *baby* de remolacha, etc. Solo tienes que recordar evitar la lechuga, que pierde sus propiedades con el calor.

PARA 6 TAZAS / 4 RACIONES

4 tazas de caldo de miso casero (página 87) o envasado
½ taza de anacardos crudos
1 cucharada sopera de aceite de oliva
2 puerros medianos, las partes verde y blanca suaves, cortadas finas
3 dientes de ajo picados
1 cucharada sopera de tomillo picado
225 g de brócoli, con el tallo pelado y picado fino y los cogollos en trozos pequeños (4 tazas)
1 taza de guisantes frescos o congelados
170 g de verduras *baby* mezcladas (por ejemplo, espinacas, rúcula y kale; unas 6 tazas colmadas)
½ taza colmada de perejil picado
2 cucharadas soperas de zumo de limón recién exprimido
Sal marina y pimienta negra molida
Cebollinos frescos para aderezar
Rábanos picados finos para aderezar (opcional)

Mezcla el caldo y los anacardos en una batidora hasta conseguir una textura fina. Apártalos de momento.

Calienta el aceite en una olla de fondo grueso a temperatura media. Una vez caliente, añade los puerros y saltéalos durante 3-4 minutos, removiendo ocasionalmente. Incorpora el ajo y saltéalo 1 minuto más. Agrega la mezcla de caldo de miso y anacardos, más el tomillo, el brócoli y los guisantes, y cocínalo todo a fuego medio-alto. Tápalo parcialmente y baja el fuego a medio-bajo. Cocina la mezcla durante 4 minutos o hasta que el brócoli tome un color verde vivo y esté tierno. Destápalo y añade las verduras *baby* y el perejil. Remueve constantemente, cocinándolo durante 1 minuto más como máximo, solo lo suficiente para ablandar las verduras. Retira la olla del fuego y vierte la mezcla en la batidora. Añade el zumo de limón, ¼ de cucharadita de sal marina y ½ cucharadita de pimienta negra molida. Mezcla hasta conseguir una textura muy suave (puede tardar un poco). Prueba la sopa para corregir los condimentos si hace falta. Sírvela en boles y añade los cebollinos frescos y las rodajas de rábano, a tu gusto.

IDEAS FELICES: para disfrutar de los beneficios de más de setenta vitaminas y minerales, cuando la sopa esté fría, añádele 1 cucharadita de hierba de trigo en polvo y deja que se disuelva.

SOPA DE CALABAZA CON MANZANA AL CURRI

Los sabores de la manzana y la calabaza encajan perfectamente y, por supuesto, el curri aún mejora más esta combinación. Esta es una sopa maravillosamente completa que querrás preparar una y otra vez.

PARA 6 TAZAS / 4 RACIONES

1 cucharada sopera de aceite de coco
1 cebolla amarilla picada
1 manzana dulce de tamaño grande (por ejemplo, de la variedad *Fuji*) picada (aproximadamente 1 ½ tazas)
1 cucharada sopera de jengibre fresco pelado y picado
900 g de calabaza pelada, sin semillas y cortada en dados de 1,5 cm (unas 5 tazas)
4 tazas de caldo de miso casero (página 87) o envasado
1 cucharada sopera de pasta de curri rojo tailandés
1 cucharada sopera de *dulse* en copos
¼ de taza de bayas de goji deshidratadas
1 cucharadita de cúrcuma en polvo
2 cucharadas soperas de zumo de lima recién exprimido
Sal y pimienta (opcional)
⅔ de taza de leche de coco en lata, y algo más para aderezar
Para el aderezo: un poco de leche de coco y media manzana dulce cortada muy fina

Calienta el aceite en una olla de fondo grueso a fuego medio. Añade la cebolla y sofríela hasta que quede transparente, unos 5 minutos. Agrega la manzana y el jengibre y cocina la mezcla 1 minuto más. Incorpora la calabaza, el caldo, la pasta de curri, el *dulse* en copos, las bayas de goji, la cúrcuma y el zumo de lima. Mézclalo bien. Llévalo a hervor a fuego fuerte. Luego reduce el fuego, cúbrelo y deja que hierva a fuego lento unos 30-40 minutos o hasta que la calabaza esté muy tierna.

En partes si no te cabe toda, vierte la sopa en la batidora. Tritúrala hasta conseguir una textura muy suave y ponla en un bol grande. Repite la operación con el resto de la sopa y cuando esté toda batida, ponla en la olla. Añade ⅔ de leche de coco y calienta la mezcla a fuego suave durante 1-2 minutos. Sazona con sal y pimienta, al gusto. Para servirla, repártela en boles y añade un chorrito de leche de coco y unas láminas de manzana.

SOPA DE PUERROS Y PATATA

Esta sopa es la quinta esencia de la cremosidad, incluso sin llevar lácteos. Las semillas de cáñamo y la pasta de sésamo le confieren una exquisita suavidad a este plato, a la vez que le aportan vitaminas y minerales, como el hierro y el calcio.

PARA 8 TAZAS / 6 RACIONES

2 cucharadas soperas de aceite de coco
2 puerros, las partes blanca y verde claro, por la mitad y en rodajas
1 cebolla blanca mediana picada
3 dientes de ajo picados
2 hojas de laurel
Sal marina y pimienta blanca o negra molida
6 tazas de caldo de miso casero (página 87) o envasado
700 g de patatas rojas (unas 2 grandes), peladas y picadas
¼ de taza de semillas de cáñamo
1 cucharada sopera de pasta de sésamo
1 cucharadita de tomillo picado
1 cucharada sopera de levadura nutricional
¼ de taza de cebollinos frescos picados

Calienta el aceite en una olla grande de fondo grueso a temperatura media. Añade los puerros, la cebolla y el ajo y saltéalos durante 5 minutos, hasta que se ablanden. Baja el fuego y agrega las hojas de laurel y ½ cucharadita de sal marina. Tapa la olla y deja que se cocine la mezcla durante 20-25 minutos, removiendo de vez en cuando. Sube el fuego a medio-alto, añade el caldo y las patatas y llévalo a ebullición. Baja el fuego al mínimo y cuece hasta que notes las patatas tiernas al pincharlas con un tenedor, unos 10-15 minutos. Quita la olla del fuego y retira las hojas de laurel. Incorpora las semillas de cáñamo, el sésamo, el tomillo y la levadura.

Vierte la mezcla en la batidora, y bátela por partes si no te cabe todo de una vez. Tritúrala hasta que quede una textura muy suave. Prueba la sopa y condiméntala con sal y pimienta molida, a tu gusto. Ponla en la olla para mantenerla caliente. Para servirla, viértela en boles individuales y espolvoréale generosamente el cebollino picado y la pimienta molida.

SOPA DE BRÓCOLI ASADO

Pocas verduras hay que no queden bien con un asado rápido, y el brócoli desde luego no es una excepción. Esta forma de prepararlo le da a esta receta un agradable sabor ahumado. Añádele un golpe de zumo de limón, y tendrás una sopa intensa, a la vez que reconfortante, de buen sabor y efectos beneficiosos para la salud (entre otros motivos, por su contenido en hierro y proteínas).

PARA 5 TAZAS / 4 RACIONES

450 g de cogollos de brócoli, en trozos de 2,5 cm (unas 3 ½ tazas)

2 cucharadas de aceite de oliva, y un poco más para aderezar

Sal marina y pimienta negra molida

2 dientes de ajo picados

¼ de cucharadita de hojuelas de pimienta roja

4 tazas de caldo de miso casero (página 87) o envasado

3 cucharadas soperas de anacardos crudos

2 cucharadas soperas de semillas de cáñamo, y algo más para aderezar

1 cucharada sopera de *dulse* en copos

1 cucharada sopera de levadura nutricional

3 cucharadas de zumo de limón

Precalienta el horno a 200 ºC. Coloca el brócoli en una bandeja para hornear, con 1 ½ cucharadas soperas de aceite de oliva, y condiméntalo con sal marina y pimienta negra molida. Asa el brócoli durante 20 minutos o hasta que esté tierno y un poco ennegrecido. Saca la bandeja del horno, reserva 5 o 6 cogollos para aderezo, y pon el brócoli restante en un bol.

En una olla de fondo grueso, calienta el resto del aceite de oliva a fuego medio. Añade el ajo y la pimienta roja y rehoga durante 1 minuto sin dejar de removerlo. Agrega el caldo y el brócoli del bol. Llévalo a ebullición a fuego lento y déjalo hervir 5 minutos. Vierte la sopa en la batidora y añade los anacardos, las semillas de cáñamo, el *dulse* en copos, la levadura y 2 cucharadas soperas de zumo de limón. Tritúralo hasta que esté cremoso. Pruébalo y corrige el condimento si hace falta.

Cuando la sopa esté lista para servir, pica en trocitos pequeños el brócoli que reservaste al principio. Mézclalos con la cucharada de zumo de limón restante. Vierte la sopa en boles y añade un chorrito de aceite de oliva, usando el dorso de una cuchara para dibujar espirales de aceite sobre la superficie de la sopa. Decora con un montoncito de brócoli picado y semillas de cáñamo. Sirve caliente.

SOPA DE SEIS SETAS

Esta sopa está llena de secretos. El número 1 son sus extraordinarias propiedades terapéuticas, gracias a todas las setas (ver las páginas 31-35 para todos los detalles sobre los increíbles beneficios que estos ingredientes especiales tienen sobre la salud). El secreto número 2 es que esta receta es mucho más flexible de lo que parece: si te faltan setas de una o dos variedades, puedes cambiarlas por otras, siempre que mantengas la misma proporción de setas frescas y en polvo que se indica en la receta (técnicamente, incluso puedes convertir esta sopa en una sopa de dos setas, si es más de tu gusto). Y el secreto número 3 es que la sopa de setas es posiblemente la mejor del mundo, y necesita muy pocos ingredientes para conseguir ese punto sabroso. No me des las gracias por esta sopa tan deliciosa. Dáselas a las setas.

PARA 6 TAZAS / 4 RACIONES

- 4 ½ tazas de caldo de miso casero (página 87) o envasado
- ¼ de taza de anacardos crudos
- 1 cucharadita de chaga en polvo
- 1 cucharadita de *reishi* en polvo
- 1 cucharadita de *cordyceps* en polvo
- 2 cucharadas soperas de aceite de coco
- ⅓ de taza de chalote picado fino
- 1 diente de ajo picado
- 225 g de setas portobello o cremini
- 225 g de setas *shiitake* picadas
- 170 g de setas *maitake* picadas
- 1 cucharada sopera de tomillo fresco
- Sal marina y pimienta negra molida
- Perejil picado para aderezo

Bate el caldo, los anacardos y las setas en polvo en la batidora hasta obtener una textura cremosa.

Calienta el aceite de coco en una olla de fondo grueso a fuego medio. Añade el chalote y el ajo y rehógalos hasta que se ablanden, durante unos 2 minutos. Agrega las setas cortadas, el tomillo y ¼ de taza de la mezcla de la batidora y remueve constantemente hasta que las setas se hayan ablandado, unos 3-4 minutos. Añade el resto del caldo, condiméntalo con ½ cucharadita de sal marina y pimienta negra y llévalo a un hervor. Baja el fuego y, sin tapar, deja que se cueza a fuego lento 20 minutos.

Bate la mitad de la sopa hasta que quede una textura suave. Añade el resto de la sopa y bate solo un momento para que se mezcle, dejando una parte de las setas picadas sin batir. Incorpora más agua para diluirla si hace falta y corrige el condimento a tu gusto. Repártela en boles y sírvela con una pizca de perejil picado.

SOPA DE APIO NABO CON COMPOTA DE MANZANA Y BERROS

Si aún no has incluido los tallos o el tubérculo del apio nabo en tus recetas habituales, prepárate para vivir una nueva aventura fascinante. El tubérculo, parecido a la patata, tiene un sabor a raíz tan rico que necesita muy poco condimento para transformarse en la sopa más deliciosa. Me gusta usar algo de maca en polvo para endulzarla ligeramente, pero la añado justo al final de la cocción, porque su sabor se intensifica a medida que la maca entra en contacto con el calor. La base cremosa de esta sopa te hace entrar en calor y contrasta con el sabor picante de los berros y el gusto afrutado de la compota de manzana.

PARA 8 TAZAS / 6 RACIONES

1 cucharada sopera de aceite de coco
¼ de cebolla amarilla picada fina
1 tallo de apio nabo picado fino
1 zanahoria mediana picada fina
1 tubérculo de apio nabo
1 patata roja grande pelada y cortada en dados de 1,25 cm (unas 3 tazas)
6 tazas de caldo de miso casero (página 87) o envasado
Sal marina y pimienta negra molida
1 cucharadita de vinagre de sidra de manzana
1 cucharada sopera de maca en polvo
2 cucharadas soperas de semillas de cáñamo
½ taza de compota de manzana sin azúcar para aderezar
½ taza de berros para aderezar

Calienta el aceite en una olla con el fondo grueso a fuego medio. Añade la cebolla, las ramas de apio y la zanahoria y remuévelo todo hasta que se ablande, unos 8-10 minutos. Añade el tubérculo del apio, las patatas, el caldo, ¼ de cucharadita de sal marina y un poco de pimienta negra recién molida. Lleva la mezcla a un hervor a fuego fuerte. Tapa la olla y reduce el fuego a bajo. Déjala hervir durante 30 minutos o hasta que el tubérculo de apio y la patata estén muy blandos. Retírala del fuego y añade el vinagre de sidra, la maca y las semillas de cáñamo. Vierte la mezcla en el vaso de la batidora y tritúrala hasta conseguir una textura suave (si no te cabe todo de una vez, bátelo por partes). Si hace falta, recalienta la sopa en el horno y luego condiméntala con más pimienta y sal a tu gusto. Para servirla, repártela en boles y añádele un poco de compota, un puñado de berros y más pimienta negra.

SOPA DE CONCENTRADO DE NABO

La primera vez que preparé esta sopa, hace años, me tenía tan enamorada que escribí una entrada en mi web con este título: «Nabo: el tubérculo olvidado». Desde entonces, he llevado la receta un paso más allá, añadiendo maca y yacón, que mejoran el sabor de la sopa, además de potenciar sus cualidades energizantes. Quizás si volviera a escribir esta entrada, tendría que actualizarla y, para ser más precisa, titularla: «Nabos, maca y yacón: los tubérculos completamente olvidados».

PARA 6 TAZAS / 4 RACIONES

2 cucharadas soperas de aceite de coco
1 cebolla amarilla mediana cortada
2 dientes de ajo grandes picados
450 g de nabos, cortados en dados de 1,5 cm (3 tazas)
450 g de boniatos cortados en dados de 1,25 cm (2 tazas)
2 ½ tazas de caldo vegetal casero (página 84) o preparado
1 taza de leche de almendras sin azúcar
1 cucharada sopera de maca en polvo
¼ de taza de tiras de yacón deshidratado, y un poco más para adornar
Sal marina y pimienta negra molida

Calienta el aceite en una olla de fondo grueso a fuego medio. Añade la cebolla y el ajo y saltéalos durante 5 minutos, removiendo de vez en cuando. Incorpora los nabos y los boniatos, y a continuación el caldo y la leche de almendras. Agrega la maca, el yacón, ¼ de cucharadita de sal marina y ½ cucharadita de pimienta negra molida. Sube el fuego y haz hervir la mezcla. Tapa la olla, reduce el fuego a medio-bajo y déjalo hervir durante 15-20 minutos, o hasta que los nabos y los boniatos estén tiernos.

Vierte esta mezcla en una batidora y tritúrala hasta que quede fina (hazlo en un par de veces, si hace falta). Salpimenta a tu gusto. Sirve la sopa en boles y añade un poco de pimienta negra y unas tiras de yacón.

> **EXTRA DE SUPERALIMENTOS:** antes de servir la sopa, añádele por encima un poco de *harissa* verde (página 239) o de *harissa* de goji (página 241).

SOPA DE ESPÁRRAGOS TRUFADOS

El aceite de trufa tiene un aire divino a almizcle, que engrandece cualquier plato. Es una gran inversión en tu despensa: pasarás de preparar sopas buenas a preparar sopas fabulosas. Combinado con un poco de *dulse* salado, el aceite de trufa saca a relucir el increíble sabor de los, a menudo, infravalorados espárragos.

PARA 6 TAZAS / 4 RACIONES

450 g de espárragos frescos
4 puerros medianos, las partes
blancas por la mitad
y en rodajas, y las verdes
por la mitad*
6 tazas de agua
Sal marina y pimienta negra
molida
2 cucharadas soperas de aceite
de oliva
3 dientes de ajo grandes picados
2 cucharaditas de *dulse*
en copos, y un poco más para
aderezar
¼ de taza de semillas
de cáñamo
2 cucharadas soperas de zumo
de lima recién exprimido
Un pellizco de cayena
1 cucharada sopera de aceite
de trufa, y un poco más para
aderezar

Corta las puntas de los espárragos, aproximadamente 2,5 cm, y resérvalas. Corta las puntas leñosas de los tallos y resérvalas también. Corta el tallo restante en trozos de 1,25 cm y guárdalos.

En una olla mediana, pon las partes verdes de los puerros y las leñosas de los espárragos y añade el agua y ½ cucharadita de sal marina y pimienta. Llévalo a un hervor, baja el fuego, tapa la olla y deja hervir durante 20 minutos. Con una cuchara o espátula con ranuras, retira los espárragos y los puerros. Mientras el caldo esté aún hirviendo, añade las puntas de los espárragos y escáldalas durante 1-2 minutos, hasta que adquieran un color verde intenso. Apaga el fuego, retira las puntas y resérvalas para el aderezo. Pon el caldo en un bol.

Aclara la olla y ponla otra vez al fuego. Calienta el aceite a temperatura media. Añade el ajo y los puerros y saltéalos hasta que se ablanden, durante 3-4 minutos. Agrega los tallos de los espárragos, baja el fuego, tápalos y cocínalos durante 10 minutos, o hasta que se ablanden, removiendo ocasionalmente. Añade el *dulse* y el caldo que has reservado. Hazlo hervir, baja el fuego al mínimo y mantén la olla tapada durante 15 minutos. Vierte la sopa en la batidora (trabajando por partes si es necesario). Añade las semillas de cáñamo, el zumo de lima, la cayena, ¼ de cucharadita de pimienta negra molida y la cucharada sopera de aceite de trufa. Tritura hasta que quede una textura suave. Pruébalo, condimenta con sal a tu gusto y añade más agua si fuera necesario. Sírvela con un manojo de puntas de espárragos, un chorro de aceite de trufa, *dulse* en copos y un poco de pimienta recién molida.

---

* Asegúrate de lavar muy bien los puerros, especialmente las partes verdes, que a veces tienen algo de tierra.

CREMA DE REMOLACHA CON COMINOS

Fíjate en su color: ¿hay algo más sensacional que una crema de remolacha? La maca (otra superraíz) le aporta a esta crema un matiz dulce y terroso, y basta un pellizco de comino y de chili en polvo para hacerla aún más deliciosa. Ya sé que puede ser tentador usar leche de coco baja en grasa, pero no te lo recomiendo en este caso: tu sopa quedará mucho más equilibrada con la versión completa de la leche de coco.

PARA 6 TAZAS / 4 RACIONES

450 g de remolacha (unas 3-4 medianas), sin tallos muy bien lavadas
1 cucharada sopera de aceite de coco
½ cucharadita de semillas de comino
2 dientes de ajo picados
1 cebolla amarilla grande picada
1 cucharada sopera de maca en polvo
1 cucharadita de cúrcuma en polvo
¼ de cucharadita de chili en polvo
½ cucharadita de sal marina
2 tazas de agua
1 lata de leche de coco de 400 ml, y reservar un poco para aderezar
2 cucharaditas de *dulse* en copos
1 cucharada sopera de zumo de limón recién exprimido
Zumaque en polvo para aderezo (opcional)
Tallos de remolacha para aderezar (opcional)

Precalienta el horno a 200 °C. Envuelve las remolachas en papel de aluminio y colócalas en una bandeja del horno. Ásalas durante 60-90 minutos, o hasta que estén blandas. Sácalas y deja que se enfríen para poder manejarlas. Pélalas y córtalas en dados. Resérvalas.

Calienta el aceite de coco en una cacerola mediana a fuego medio. Añade las semillas de comino y tuéstalas hasta que desprendan su aroma, sobre 1 minuto. Agrega el ajo y la cebolla y rehógalas, removiendo de vez en cuando, hasta que se ablanden, unos 3-4 minutos. Incorpora la maca, la cúrcuma, el chili, la sal y el agua. Llévalo a un hervor y, tras reducir el calor al mínimo, hiérvelo a fuego lento durante 15 minutos. Añade 1 ½ tazas de leche de coco y las remolachas asadas y caliéntalo durante 1 minuto. Pon la sopa en la batidora y añade el *dulse* y el zumo de limón. Tritura y bate hasta conseguir una textura extremadamente suave. Sírvelo caliente, con un chorrito de leche de coco, un pellizco de zumaque y los tallos de remolacha como decoración.

SOPA CREMOSA DE CALABACINES

Los calabacines son un placer oculto. ¿Quién podría pensar que basta con triturar esta hortaliza sosa y compuesta en su mayor parte de agua para obtener una sopa cremosa y saciante? El truco es realzar su sabor discreto con una nota de *umami*, añadiéndole *kelp*, junto con un poco de albahaca para beneficiarse de sus propiedades. Y si quieres una versión más simple de esta receta, cambia los aderezos por un poquito de paté de aceitunas (*tapenade*).

PARA UNAS 9 TAZAS / 6 RACIONES

2 cucharadas soperas de aceite de oliva, y un poco más para aderezar
2 dientes de ajo grandes picados
1 cebolla amarilla de tamaño grande picada
½ cucharadita de hojas de tomillo
1 hoja de laurel
1,350 kg calabacines cortados finos
2 cucharaditas de *kelp* en gránulos
4 tazas de caldo vegetal casero (página 84) o envasado
Sal marina y pimienta negra molida
¼ de taza de hojas de albahaca, picadas finas, y un poco más para aderezar
¼ de taza de semillas de cáñamo, y un poco más para aderezar

Calienta el aceite de oliva a fuego medio en una cacerola grande. Añade el ajo, la cebolla y las hojas de tomillo. Remueve ocasionalmente hasta que se ablanden, unos 5 minutos. Agrega la hoja de laurel, los calabacines, el *kelp*, el caldo, ½ cucharadita de sal marina y ½ cucharadita de pimienta negra molida. Sube el fuego y lleva a ebullición, y luego reduce a fuego lento y mantenlo así durante 10 minutos, o hasta que los calabacines estén tiernos. Retira la cacerola del fuego, quita la hoja de laurel y añade la albahaca y las semillas de cáñamo. Viértelo todo en la batidora y bátelo hasta conseguir un puré suave (si no te cabe todo de una vez, trabaja por partes). Devuelve la mezcla a la cacerola y caliéntala a fuego bajo hasta el momento de servir. Corrige los condimentos si hace falta. Esta crema se sirve caliente, con un chorrito de aceite de oliva, y también puedes espolvorearle por encima unas semillas de cáñamo, pimienta negra recién molida y unas hojas de albahaca.

IDEAS FELICES: el *kelp* tiene una cantidad excepcional de yodo, mucho más que cualquier otra alga (casi triplica la cantidad del *dulse*). Esta característica hace de esta alga un recurso increíblemente valioso para la salud tiroidea y el control del peso.

SOPA DE PERA Y CHIRIVÍA

Creé esta receta para un artículo del Día de Acción de Gracias para *Vegetarian Times*. Entonces no tenía ni idea de que se convertiría en una de las recetas habituales de mi repertorio casero. A mi familia le encanta la dulzura delicada de esta sopa, que ha ido mejorando con algunos añadidos de superalimentos a través de los años, como hago con muchas recetas. Para preparar esta sopa, te recomiendo que uses las peras más suaves y maduras que puedas encontrar, y así aprovecharás los azúcares naturales que se encuentran en la fruta que va madurando.

PARA 10 TAZAS / 6 RACIONES

1 cucharada sopera de aceite de coco

2 puerros, las partes blanca y verde clara, limpias y en cortes finos

700 g de chirivías, peladas y cortadas en dados de 4 cm

2 peras muy maduras, de cualquier variedad, sin semillas y cortadas en dados

¼ de cucharadita de nuez moscada molida

⅛ de cucharadita de cayena

2 cucharadas soperas de bayas de goji deshidratadas

4 tazas de caldo vegetal casero (página 84) o envasado

3 tazas de agua

Sal marina y pimienta negra molida

2 cucharadas soperas de crema de almendras

2 cucharadas soperas de semillas de cáñamo

1 cucharada sopera de jarabe de yacón o de arce, y algo más para aderezar

2 cucharadas soperas rasas de hojas de perejil

Calienta el aceite de coco a fuego medio en una cacerola grande. Añade los puerros y saltéalos durante 4 minutos. Agrega las chirivías, las peras, la nuez moscada y la cayena y cocínalo todo durante 2 minutos más, removiendo a menudo. Añade las bayas de goji, el caldo y el agua y condimenta con un pellizco generoso de sal y una buena cantidad de pimienta negra. Sube el fuego y lleva la mezcla a un hervor. Luego baja el fuego al mínimo, tapa parcialmente la olla y deja que hierva a fuego lento durante 25 minutos o hasta que las chirivías estén tiernas. Retíralo del fuego y añade la crema de almendras, las semillas de cáñamo y el jarabe.

Vierte la sopa en la jarra de la batidora (si hay mucha, en varias veces) y tritúrala hasta obtener una textura fina. Devuélvela a la olla y corrige el condimento; también puedes añadir agua si ha quedado demasiado espesa.

Para servirla, reparte la sopa en boles. Adórnala con el perejil fresco, pimienta negra molida y un chorrito de yacón o de jarabe de arce.

SOPA DE COLIFLOR DORADA CON SETAS BRASEADAS

La coliflor y la cúrcuma de esta sopa son ingredientes antiinflamatorios y antican-cerígenos bien estudiados. Son esos alimentos que te hacen brillar desde dentro.

PARA 6 TAZAS / 4 RACIONES

2 cucharadas soperas
de pistachos crudos sin cáscara
¼ de cucharadita de hierba
de trigo en polvo (opcional)
Sal marina
1 cucharada sopera de aceite
de coco
2 puerros, las partes blanca
y verde clara, cortados finos
2 dientes de ajo picados
700 g de coliflor cortada
en dados de 2,5 cm (4 tazas)
1 cucharadita de hojas
de tomillo picadas
½ cucharadita de cúrcuma
en polvo
¼ de cucharadita de cayena
4 tazas de caldo de miso casero
(página 87) o envasado
½ taza de anacardos crudos
1 taza de setas silvestres, como
maitake, *shiitake* y o chantarela
1 cucharada sopera de aceite
de semillas de uva
2 cucharadas soperas de perejil
fresco picado
¼ de taza de flores
y microverdes para aderezar
(opcional)

Pica los pistachos muy finos hasta convertirlos en un polvo grueso. Colócalos en un bol pequeño y añade la hierba de trigo y ¼ de cucharada sopera de sal marina. Resérvalo.

Calienta el aceite de coco en una olla con un fondo grueso a fuego medio. Añade los puerros y el ajo y rehoga durante 2-3 minutos hasta que se ablanden los puerros. Agrega la coliflor y el tomillo y cocínalos 1 minuto más. Incorpora la cúrcuma, la cayena y el caldo de miso y sube el fuego al máximo. Una vez hierva, tápalo y reduce el fuego a bajo. Cocina durante 20 minutos o hasta que la coliflor esté muy tierna. Retira la olla del fuego y añade los anacardos. Vierte la sopa en la jarra de la batidora y triturála hasta que quede suave. Devuelve la sopa a la olla y mantenla caliente.

Si las setas son de tamaño grande, córtalas a una medida cómoda para comerlas, o córtalas en trozos de 0,5 cm. Calienta el aceite de semillas de uva en una sartén grande a fuego alto. Una vez el aceite hierva, añade las setas, repartiéndolas por la superficie de la sartén tanto como puedas. Saltéalas sin que lleguen a hervir, durante 1-2 minutos. Cuando tomen un color dorado, dales la vuelta con una espátula para que se cocinen por el otro lado, durante 1-2 minutos más. Luego ponlas en un bol y añade el perejil, sazónalas con sal y remuévelas bien.

Sirve la sopa en boles individuales. Cubre con pistachos picados y algunas setas. Opcionalmente puedes adornar el plato con microverdes y flores comestibles.

SOPA DE CALABAZA AHUMADA CON RACIMOS DE SEMILLAS CARAMELIZADAS

Una vez pasé un mes de octubre mágico en la ciudad de Salem, en Massachussets. Era el principio del otoño y la ciudad estaba poseída por el espíritu de la estación. La última noche que pasé allí, tomé una increíble sopa de calabaza ahumada en un pequeño restaurante, y nunca la olvidaré. Cada año, en cuanto refresca, preparo mi propia versión de aquella sopa.

PARA 8 TAZAS / 4-6 RACIONES

1 calabaza de la variedad usada para hacer pasteles (tienen la carne más firme y dulce que la típica calabaza), de aproximadamente 1,5 kg
3 cucharadas soperas de aceite de coco
Sal marina y pimienta negra molida
2 ramitas de romero fresco
2 puerros pequeños, la parte blanca y verde clara, cortadas finas
4 tazas de caldo vegetal casero (página 84) o envasado
½ taza de zumo de naranja exprimido
2 dátiles *Medjool* sin hueso
⅓ de taza de bayas de goji deshidratadas
½ cucharadita de chaga en polvo
½ cucharadita de humo líquido
¼ de cucharadita de pimienta de Jamaica en polvo
¼ de taza de racimos de semillas caramelizadas (página 245)

Precalienta el horno a 190 °C.

Corta el tallo y la base de la calabaza y deséchalos. Coloca la calabaza boca abajo y córtala por la mitad. Retira las semillas y las fibras. Impregna el interior de cada mitad con ½ cucharada de aceite de coco, sazónalas con sal y pimienta y coloca el ramito de romero dentro. Pon las mitades boca abajo en una bandeja para hornear u otro recipiente para asar y añade unas cucharadas de agua. Asa la calabaza durante 60 a 90 minutos, o hasta que esté muy blanda y puedas clavar en ella un tenedor fácilmente. Retírala del horno. Cuando esté bastante fría para manejarla, retira la carne con una cuchara. Descarta la piel y las ramitas de romero.

En una olla de fondo grueso, calienta las 2 cucharadas restantes de aceite de coco a fuego medio. Añade los puerros y saltéalos hasta que se ablanden, unos 3-4 minutos. Agrega la calabaza, el caldo, el zumo de naranja, los dátiles, las bayas de goji, la chaga en polvo, el humo líquido y haz que hiervan a fuego lento durante 10 minutos. Vierte la mezcla en la batidora y, trabajando por partes si hace falta, tritúrala hasta convertirla en puré. Devuelve la sopa a la olla, condiméntala y mantenla caliente. Sírvela aderazada con los racimos de semillas caramelizadas.

Variación: ¿vas mal de tiempo? Usa 2 latas de 400 g de puré de calabaza en lugar de asar la calabaza en casa.

SOPA DE CASTAÑAS Y CACAO

La sola mención de las castañas me transporta a las calles abarrotadas de Nueva York en invierno. Central Park está lleno de puestos de comida que desprenden el aroma de las castañas calientes recién asadas, y es difícil resistirte a parar y comprar una bolsa, aunque sea pequeña. Ni una sola vez he sido capaz de estar allí y no comprar castañas. Cuando vuelvo a mi casa de California, preparar esta sopa es una forma de recuperar esa sensación (bueno, casi). Este plato es un regalo exquisito y ligero –como sábanas de satén para tu lengua– y el cacao y la maca mejoran aún más el dulzor terroso de esta estimulante sopa salada (sí, cacao salado), dándole un toque único con superalimentos.

NOTA: *si no quieres usar brandy, puedes sustituirlo por un poco más de caldo vegetal.*

PARA 5 TAZAS / 4 RACIONES

2 cucharadas soperas de aceite de coco
½ cebolla roja pequeña picada fina
1 zanahoria picada fina
1 tallo de apio picado fino
Sal marina y pimienta negra molida
300 g de castañas asadas (2 bolsas envasadas al vacío o 1 tarro)
1 hoja de laurel
¼ de taza *brandy*
4 tazas de caldo vegetal casero (página 84) o envasado
2 cucharadas soperas de cacao en polvo, y un poco más para aderezar
1 cucharada sopera de maca en polvo
½ taza de anacardos crudos
¼ de cucharadita de nuez moscada en polvo
⅔ de taza de agua, y algo más por si acaso

Calienta el aceite de coco en una olla de fondo grueso a temperatura media. Añade la cebolla, la zanahoria y el apio, y saltéalo todo hasta que quede muy blando, unos 8-10 minutos. Agrega las castañas, la hoja de laurel y el *brandy*. Cocínalo todo removiendo hasta que el *brandy* casi se haya evaporado, unos 2-3 minutos. Añade el caldo, el cacao y la maca. Sube el fuego al máximo y haz hervir la mezcla. Reduce el fuego a medio-bajo y deja que hierva con cuidado, sin tapar, durante 20 minutos.

Mientras la sopa está hirviendo, mezcla los anacardos, la nuez moscada, el agua y ¼ de cucharadita de sal marina en la batidora. Tritura hasta obtener una textura fina y cremosa. Reserva ⅓ de taza de la mezcla para servir. Deja la crema restante en la batidora.

Cuando se haya cocinado, retira la hoja de laurel y vierte la sopa en la batidora (que aún tendrá parte de la crema de anacardos). Tritura la mezcla hasta que quede fina. Añade un poco de agua para diluir la sopa si hace falta y condiméntala. Para servirla, viértela en boles individuales y cúbrela con un poco de crema de anacardos. Espolvorea algo de cacao en polvo y sírvela caliente.

SOPA FESTIVA DE CAQUIS

Los caquis son una de las frutas más agradables del planeta; siempre me recuerdan el principio del otoño, cuando cuelgan de los árboles desnudos como vistosos adornos naranjas. También le aportan una maravillosa cremosidad dulce a una sopa como esta, de sabor reconfortante, una sopa que es ideal para adornar tu mesa en la próxima fiesta de invierno. Un consejo: los caquis *Hachiya*, deben estar muy blandos (al cogerlos tienes que notarlos como globos de agua); si no, sabrán demasiado ácidos. En cambio, los caquis *Fuyu* deben estar duros y crujientes.

PARA 12 TAZAS / 8 RACIONES

2 cucharadas soperas de aceite de coco
½ cebolla roja picada fina
700 g de chirivías peladas y cortadas en dados de 1,25 cm
900 g de caquis muy blandos de la variedad *Hachiya*, limpios y cortados
2 cucharadas soperas de bayas de goji deshidratadas
2 cucharaditas de maca en polvo
1 rama de canela
6 tazas de caldo vegetal casero (página 84) o envasado
2 tazas de leche de almendra con vainilla (sin azúcar)
Sal marina y pimienta negra molida
1 caqui de la variedad *Fuyu*, cortado en láminas finas como papel, para adornar (opcional)
1 taza de semillas de granada fresca
½ taza de castañas asadas cortadas

Calienta el aceite en una olla de fondo grueso a fuego medio. Añade la cebolla y las chirivías y saltéalas durante 6-7 minutos, o hasta que las chirivías empiecen a dorarse. Agrega los caquis *Hachiya*, las bayas de goji, la maca, la canela y el caldo. Sube a fuego fuerte y haz hervir la mezcla; luego reduce el fuego a medio-bajo, tapa la olla y deja que se cocine durante 20 minutos. Quita la olla del fuego y añade la leche de almendras y un poco de pimienta negra molida y sal. Descarta la rama de canela. Tritura la sopa en la batidora, si hace falta, por partes. Devuelve la sopa a la olla a fuego bajo para mantenerla caliente. Si está demasiado espesa, puedes diluirla añadiendo un poco de agua. Pruébala y corrige el condimento si lo ves necesario.

Para servirla, viértela en boles y decórala con un par de láminas de caqui, semillas de granada y castañas, y espolvorea un poco de pimienta negra molida por encima.

CASTAÑAS ASADAS: el método más sencillo es saltearlas en una sartén pequeña a fuego medio durante 5-10 minutos, removiéndolas con frecuencia para evitar que se quemen. Las castañas estarán listas cuando las veas ligeramente marrones por fuera y huelan bien. Deja que se enfríen y luego córtalas en trozos pequeños. Si vas a asarlas directamente sobre fuego, hazlo en una sartén apta para ello durante unos 2-4 minutos, moviéndola para evitar que se quemen.

SOPAS DE CALDO CON FIDEOS

¿Alguna vez te has preguntado por qué las sopas de caldo con fideos se consideran un remedio clásico, beneficioso para recuperarse y rejuvenecer? Estas sopas combinan un conjunto caleidoscópico de alimentos naturales sin procesar, presentados en caldos realmente aromáticos. Son recetas ricas en textura y sabor que te tientan a repetir o incluso a tomarte dos raciones más. Tanto si prefieres una receta protagonizada por las verduras, como la sopa *minestrone de primavera* (página 179) o un bol con fideos como la *sopa de miso con fideos* (página 166), no lo dudes, verás que cada cucharada tiene mucho que ofrecer.

❋ INCLUYE UN INGREDIENTE QUE ES UN SUPERALIMENTO

❋ BELLEZA ☺ HUESOS FUERTES ❧ LIMPIEZA Y DESINTOXICACIÓN

♥ CORAZÓN SANO ❋ SISTEMA INMUNOLÓGICO

◖ BAJO EN CALORÍAS ⬡ PROTEÍNAS

SOPA DE COLES DE BRUSELAS EN LÁMINAS CON BEICON DE COCO

Esta sopa desprende una confianza en sí misma algo descarada: como cuando alguien aparece en una fiesta con unos vaqueros viejos y una camiseta, porque es lo bastante bueno como para ir como le dé la gana. Si preparas la crema agria de anacardos y el beicon de coco mientras la sopa hierve, tendrás un bol potente en menos de media hora. A mí me gusta que esta sopa tenga cuerpo, pero también puedes hacer una crema de textura fina si es más tu estilo. Pero eso sí, la prepares como la prepares, está riquísima con una rebanada gruesa de pan rústico.

PARA 12 TAZAS / 8 RACIONES

700 g de coles de Bruselas
3 cucharadas soperas de aceite de coco
2 puerros, las partes blanca y verde clara, cortadas finas
2 patatas medianas, peladas y cortadas en dados de 1,25 cm
2 cucharaditas de hojas de tomillo fresco
8 tazas de caldo vegetal casero (página 84) o envasado
Sal marina y pimienta negra molida
¾ de taza de crema agria de anacardos casera (página 244) o preparada
½ taza de virutas de beicon de coco (página 242)

Utiliza una mandolina para cortar las coles de Bruselas en láminas finas, o rebánalas tan finas como puedas con un cuchillo. Calienta el aceite en una olla de fondo grueso a fuego medio. Añade los puerros y las patatas y saltéalos durante 2 minutos, removiendo. Agrega las coles y el tomillo y cocínalo todo 1 minuto más. Incorpora el caldo (si estás usando un caldo salado, no condimentes hasta el final de la preparación; si el caldo no lleva sal, añade una pizca de sal). Sube el fuego al máximo y haz hervir la mezcla; luego tapa la olla y reduce el fuego a medio-bajo. Déjalo hervir durante 15-20 minutos, o hasta que las patatas estén muy blandas. Retíralo del fuego y añade 4 cucharadas soperas de crema agria de anacardos. Salpiméntalo y sirve con el resto de la crema agria y el beicon de coco.

EXTRA DE SUPERALIMENTOS: para hacer que esta sopa potencie incluso más tu sistema inmunitario, agrega 2 cucharadas de tu seta medicinal en polvo favorita después del caldo. También puedes incorporar ½ taza de semillas de cáñamo, rico en proteínas.

SOPA DE GOJI Y AZAFRÁN CON SORGO

Me encanta el sabor suavemente ácido y dulce de las bayas de goji combinado con el sabor floral del azafrán y el sorgo crujiente y rico en proteínas.

PARA 7 TAZAS / 4 RACIONES

- 6 tazas de caldo vegetal casero (página 84) o envasado y bajo en sodio
  1 pizca de azafrán
  2 cucharadas soperas de aceite de oliva
  1 cebolla amarilla mediana, picada fina
  1 hinojo mediano picado fino
  3 dientes de ajo picados
  2 hojas de laurel
- ½ taza de bayas de goji deshidratadas
- 1 taza de sorgo cocido (ver el texto a pie de página)
  1 taza de vino blanco seco
  ½ cucharadita de sal, o al gusto
- 2 cucharadas superas de perejil fresco picado

En una olla pequeña, hierve a fuego lento 1 taza del caldo vegetal. Retíralo del fuego. Deshaz con suavidad los hilos de azafrán (o pulverízalos con un mortero) —cuanto más finos queden, mejor sabrá la sopa—. Incorpóralos al caldo. Deja que la mezcla repose mientras sigues preparando la sopa.

Calienta el aceite en una olla grande de fondo grueso a temperatura media. Añade la cebolla y el hinojo y cocínalos durante 5 minutos, removiendo ocasionalmente. Agrega el ajo y cocínalo un par de minutos más para dejar que las hortalizas se doren ligeramente. Incorpora las hojas de laurel, las bayas de goji y el sorgo cocido, y luego el vino, el caldo de azafrán, el resto del caldo vegetal y ½ cucharadita de sal marina. Hazlo hervir a fuego fuerte, reduce a medio-bajo, tápalo y déjalo cocer 30 minutos. Descarta las hojas de laurel, añade 1 cucharada sopera de perejil y corrige la sal y la pimienta. Vierte la sopa en boles y espolvorea el resto del perejil por encima.

SORGO COCIDO: pon 1 taza de sorgo seco en una olla mediana y cúbrelo con agua, unos 5 cm por encima. Haz hervir el agua, reduce a fuego lento y cocínalo durante 45-75 minutos (el tiempo varía según el grano, pero suele ser alrededor de 1 hora). El grano está bien cocido cuando está blando pero aún un poco apretado (la consistencia es parecida a la del arroz salvaje). Elimina el exceso de agua, si es el caso. **1 taza de sorgo seco = 2 tazas de sorgo cocido.**

SOPA DE NACHOS DE CHÍA CON ALUBIAS NEGRAS

En el mundo hay suficientes recetas de sopas de nachos como para llenar este libro y seguramente una docena de libros más. Sin duda hay una buena razón para que sean tan populares. Mi receta casera de sopa de nachos está muy cerca de la sencilla receta original, pero también incorpora los beneficios de la chía, el extraordinario superalimento mexicano, además de las sustanciosas alubias negras. Para una versión superdensa en nutrientes de esta receta, siempre preparo los nachos al horno en lugar de freírlos. La diferencia en el sabor es mínima y así evitarás una de las prácticas culinarias menos sanas, obteniendo un resultado delicioso. Suelo doblar las cantidades de este plato si lo preparo para amigos, porque, además de pedir la receta, siempre hay alguien que pide una segunda ración.

PARA 4 RACIONES

1 chile pasilla o ancho seco
3 tomates madurados
en la rama (unos 350 g)
¼ de cebolla blanca cortada
por la mitad, pelada y limpia
1 diente de ajo con piel
1 cucharada sopera de aceite
de oliva
4 tazas de caldo vegetal casero
(página 84) o envasado y
bajo en sodio
1 ½ tazas de alubias negras
cocidas (página 26)
o una lata de 450 g
Sal marina
2 cucharadas soperas de
semillas de chía para aderezar
1 taza de nachos al horno
caseros (página 236) o
envasados, para aderezar
2 tazas de col verde en tiras
finas
1 aguacate grande, en rodajas,
para aderezar
¼ de taza de crema agria
de anacardos casera (página
244) o envasada,
para aderezar
1 lima en cuartos para decorar

Calienta una sartén grande a fuego medio-alto. Asa el chile entero, presionándolo con fuerza sobre la superficie de la sartén con una espátula de metal, varios minutos por cada lado (debe quedar ennegrecido y un poco abombado). Retíralo de la sartén y deja que se enfríe. En la misma sartén, asa los tomates, la cebolla y el ajo durante 10 minutos, dándoles la vuelta con unas pinzas cada pocos minutos, hasta que la cebolla y el ajo estén asados y los tomates blandos. Saca el ajo pronto, cuando la piel empiece a dorarse, y quítasela. Pon los tomates, la cebolla y el ajo en la batidora. Abre el chile, retira las semillas y añádelo luego a la batidora. Tritura la mezcla hasta que quede un puré fino.

Calienta el aceite a temperatura media en una olla de fondo grueso. Añade las hortalizas trituradas y cocínalas hasta que el puré se oscurezca, unos 5 minutos. Agrega el caldo vegetal y sube a fuego fuerte. Llévalo a ebullición y luego reduce a fuego medio o bajo y déjalo hervir 30 minutos más. Incorpora las alubias cocidas y déjalas hervir durante 10 minutos más. Retira la olla del fuego y échale sal. Sirve la sopa caliente, con semillas de chía espolvoreadas por encima y una montañita de nachos, col en tiras, rodajas de aguacate y crema de anacardos. Pon ¼ de lima al lado del cuenco para rociar el jugo sobre la sopa antes de tomarla.

SOPA DE COL Y COMINOS CON ALBÓNDIGAS DE *FREEKEH*

Preparar las albóndigas de esta receta puede llevar algo de tiempo, pero son bastante fáciles. Vale la pena hacerlas porque convierten lo que sin ellas sería una humilde sopa de col en auténtica gloria, una explosión de sabor. Con esta receta te saldrán más albóndigas de las que la sopa necesita, pero son tan ricas que disfrutarás de comer las que sobren al día siguiente, tanto con ensaladas como con pasta o como un sencillo tentempié.

PARA 4 RACIONES

1 patata grande asada, pelada y cortada en dados de 1,25 cm
※ 1 taza de *freekeh*
Sal
Aceite de cocina en pulverizador
2 cucharadas soperas de aceite de oliva
1 cebolla amarilla grande, picada muy fina
4 dientes de ajo picados
※ 1 cucharadita de romero fresco
※ 85 g de setas *shiitake* picadas (unas 2 tazas)
1 cucharada sopera de vinagre de vino tinto
※ 2 cucharadas soperas de semillas de chía en polvo*
※ 2 cucharadas soperas de pasta amarilla de miso
¾ de taza de castañas crudas picadas
※ ¼ de taza de semillas de cáñamo
1 zanahoria grande cortada fina
1 tallo de apio picado fino
2 cucharaditas de semillas de comino recién molidas
※ ½ col verde, picada fina
6 tazas de caldo vegetal casero (página 84) o envasado
Sal marina y pimienta negra
Perejil picado para decorar

Prepara la patata y el *freekeh* a la vez. Llena una olla con agua y un buen puñado de sal y hazla hervir a fuego fuerte o medio. Llena una segunda olla con 2 ½ tazas de agua y otro buen puñadito de sal y llévala a ebullición. Añade ¾ de taza de las patatas picadas a la primera olla y hiérvelas hasta que se ablanden, unos 10-15 minutos, y cuélalas. Mientras tanto, en la segunda olla, añade el *freekeh*, reduce el fuego a medio-bajo y tápala. Cuécelo hasta que el agua se haya evaporado, unos 20 minutos, y luego retira la olla del fuego y mantenla tapada durante 5 minutos.

Precalienta el horno a 200 °C. Prepara dos bandejas con papel de hornear y rocíalas con aceite.

Calienta 1 cucharada sopera de aceite en una olla de fondo grueso a fuego medio. Añade ½ taza de cebolla y ajo y saltéalos durante unos 3 minutos, hasta que se ablanden, removiendo a menudo. Agrega el romero, las setas y el vinagre y cocínalos unos 3 minutos más, sin dejar de remover. Transfiere la mezcla de las setas a un robot de cocina y añade las patatas hervidas, las semillas de chía y la

pasta de miso. Tritúralo un momento hasta que la mezcla esté bastante fina. Añade el *freekeh* cocido, las castañas y las semillas de cáñamo y bátelo hasta que esté bien mezclado, dejando algo de textura (la mezcla será bastante suave). Dale la forma redonda de las albóndigas y ponlas en las bandejas de hornear (unas 36 albóndigas en total). Hornéalas a la altura media del horno, dándoles la vuelta con la espátula y cambiando las bandejas de sitio durante el horneado, hasta que estén doradas por todos lados, unos 30-35 minutos. Apaga el horno y deja las albóndigas dentro para mantenerlas calientes y que se asienten mientras preparas la sopa.

En la misma olla de fondo grueso, calienta la cucharada de aceite restante a fuego medio. Añade la cebolla restante, con la zanahoria y el apio. Saltea la mezcla durante 5 minutos, removiendo ocasionalmente. Agrega los cominos y el resto de la patata y saltéalo durante unos 5 minutos más, o hasta que la col se ablande. Añade el caldo y llévalo a un hervor a fuego alto. Tápalo, reduce el fuego a medio-bajo y deja hervir la mezcla durante 20 minutos. Retira la olla del fuego y deja que la sopa repose durante 5-10 minutos. A continuación añade los condimentos a tu gusto. Sirve varias albóndigas en un bol poco profundo, y añádele luego la col y el caldo. Espolvoréale perejil por encima.

---

* Puedes comprar la chía en polvo en alguna tienda o hacerlo en casa triturando las semillas de chía en un molinillo de especias.

SOPA DE TÉ VERDE CON ARROZ PROHIBIDO

Durante mucho tiempo creí ingenuamente que esta receta de té verde y arroz era mía, un golpe afortunado de brillantez (nada más lejos de la verdad). En cierta ocasión vi una receta similar en un menú del día, e inmediatamente después me sumergí en una búsqueda en Internet. Enseguida descubrí que este plato se llama *ochazuke*, que significa «té verde sobre arroz», en japonés, un plato que se ha tomado durante siglos. Mi versión es sin duda mucho más simple que la mayoría de las recetas tradicionales, pero consigue su objetivo (deliciosamente). Y por si fuera poco, si preparas antes el arroz, puedes tener esta sopa lista en 10 minutos.

PARA 4 RACIONES

2 tazas de arroz prohibido (arroz negro)
7 ½ tazas de agua filtrada
4 bolsas de té *genmaicha* (té verde mezclado con arroz integral tostado) o té verde normal
1 cucharada sopera de vinagre de *umeboshi* (ciruelas japonesas)
4 láminas de algas *nori*, en trocitos pequeños
½ taza de tofu extraduro, cortado en dados de 0,5 cm
4 cebolletas, las partes blanca y verde claro, picadas finas
1 aguacate mediano en dados

Para cocer el arroz, mézclalo con 3 ½ tazas de agua en una olla. Lleva el agua a ebullición, tapa la olla y reduce a fuego lento. Hierve el arroz durante 30 minutos y retíralo del fuego. Deja que repose tapado durante unos minutos.

Unos pocos minutos antes de que el arroz esté cocido, hierve las 4 tazas de agua en una olla mediana y retírala del fuego. Añade las bolsas de té, tápala y deja que repose durante 5 minutos. Escurre las bolsas antes de retirarlas del agua para extraer todo su sabor y añade el vinagre de *umeboshi*. Mantén la mezcla caliente.

Sirve el arroz en boles individuales y pon encima las algas *nori*, el tofu y las cebolletas. Vierte el té verde encima y añade el aguacate al final. Sirve la sopa inmediatamente.

Nota: puedes preparar esta receta por adelantado, guardarla en tarros herméticos y simplemente recalentarla antes de servirla (solo tienes que tener aguacate en casa y añadirlo en el último momento). También puede servirse fría.

IDEAS FELICES: el nombre «arroz prohibido» parece sacado de un cuento de hadas (de uno muy oscuro). Y, como seguramente supones, hay una historia detrás de él. Durante las dinastías Ching y Ming, en China, comer arroz negro era un privilegio reservado al emperador; este arroz se consumía para prolongar la salud y asegurarse la longevidad. En realidad, los emperadores tenían una vida fácil y placentera, aunque a nosotros nos hubieran prohibido probarlo. El contenido en antioxidantes del arroz negro es impresionante, incluidas las mismas antocianinas que hacen del acai y de los arándanos azules alimentos tan apreciados por sus beneficios para la salud del corazón. Además de ser la variedad de arroz con más antioxidantes, es también el más rico en proteínas (5 g por cada ½ taza).

SOPA DE MISO CON FIDEOS

Esta sopa es un híbrido entre la clásica sopa de miso y la sopa de pollo y fideos que les encanta a los niños (en esencia, porque de hecho esta receta no lleva pollo). En mi casa, la llamamos cariñosamente la «sopa de ponerse bien», aunque nunca esperamos a enfermar para tomarla.

PARA 6 TAZAS / 4 RACIONES

2 cucharadas soperas de aceite
de oliva
1 cebolla amarilla mediana,
picada fina
1 tallo de apio picado fino
1 zanahoria grande pelada
y cortada en rodajas de 0,5 cm
Sal marina y pimienta negra
recién molida
1 taza de setas *shiitake* cortadas
en rodajas finas
1 hoja de laurel
4 tazas de caldo de miso casero
(página 87) o envasado,
o más si hace falta
1 taza de tofu suave, cortado
en dados de 0,5 cm
2 cucharaditas de copos
de *wakame* secos
3 tazas de agua
115 g de fideos finos de arroz
2 cebolletas en rodajas finas,
para adornar
Perejil fresco picado,
para adornar

Calienta el aceite en una cacerola grande a fuego moderado. Añade la cebolla, el apio y la zanahoria y sazónalos con ¼ de cucharadita de sal marina y una pizca de pimienta negra. Cocínalo todo durante 5 minutos, o hasta que se ablanden las hortalizas, removiéndolo de vez en cuando. Agrega los champiñones, la hoja de laurel y 2 tazas de caldo de miso. Llévalo a ebullición y luego reduce el calor al mínimo. Tápalo y déjalo hervir durante 20 minutos.

Reduce el fuego al mínimo y vierte las restantes 2 tazas de caldo de miso y el tofu. Desmenuza los copos de *wakame* en trozos muy pequeños sobre la sopa (se hincharán mucho cuando absorban el líquido) y mézclalos con cuidado. Tapa la cacerola y mantén la mezcla a fuego mínimo durante 5-10 minutos más. Si prefieres una sopa más ligera, añade más caldo de miso. Retira la hoja de laurel.

Justo antes de servir, lleva a un hervor las 3 tazas de agua. Coloca los fideos finos de arroz en un bol y vierte el agua caliente encima. Deja que repose hasta que los fideos estén tiernos, unos 3-5 minutos, y después elimina el exceso de agua. Para servir la sopa, coloca una cuarta parte de los fideos de arroz en cada bol. Llénalos de sopa generosamente y ponles encima las rodajas de cebolleta y un poco de perejil picado.

CONSEJO: si quieres preparar esta sopa con antelación y guardarla, usa 2 tazas de otra variedad de pasta fina cocida (o arroz integral), ya que los fideos de arroz se pasan cuando se dejan reposar durante mucho tiempo.

SOPA *MINESTRONE* CON FARRO Y PESTO DE CHÍA

En lugar de usar pasta, en esta sopa *minestrone* utilizo farro (no refinado), y así disfruto de una enorme cantidad de proteínas (21 g). Pero el verdadero toque mágico de esta sopa es el pesto, así que más te vale no olvidar la chía.

PARA 10 TAZAS / 6 RACIONES

1 tomate grande picado

¼ de taza de bayas de goji secas

1 cucharadita de *kelp* en gránulos

8 tazas de caldo de miso casero (página 87) o envasado, por separado

1 cucharada de aceite de oliva

1 cebolla picada fina

2 zanahorias, cortadas en medias lunas finas

2 tallos de apio, picado fino

¾ de taza de farro

1 calabacín mediano picado

2 dientes de ajo grandes picados

1 cucharada sopera de tomillo fresco picado

1 hoja de laurel

1 taza de tomates picados en lata en su jugo

1 cucharadita de pimienta negra

1½ tazas de garbanzos cocidos (página 26) o 1 lata de 450 g

225 g de cogollos de brócoli, picados finos (unas 3 tazas)

3 hojas grandes de kale, con los nervios y en trozos pequeños

Sal marina

Pesto de chía casero (página 238) o ½ taza de pesto envasado

Bate el tomate, las bayas de goji y el *kelp* en gránulos con ½ taza de caldo de miso hasta obtener una textura suave.

Calienta el aceite en una olla grande de fondo grueso a fuego medio. Agrega la cebolla, las zanahorias, el apio y el farro. Cocínalo todo, removiéndolo a menudo (durante unos 6-7 minutos), o hasta que las hortalizas estén blandas. Añade el calabacín, el ajo, el tomillo y la hoja de laurel y cocínalos durante 2 minutos más, sin dejar de remover. Incorpora el tomate crudo, las restantes 7 ½ tazas de caldo, los tomates en lata con su jugo y la pimienta negra. Llévalo a ebullición a fuego máximo, luego cubre la olla, con la tapa un poco entreabierta, y deja hervir a fuego lento durante 20 minutos.

Sube a fuego medio, añade los garbanzos y el brócoli y cocínalo sin tapar durante 10 minutos. Retira la olla del fuego y añade el kale. Deja reposar durante 5-10 minutos para que el kale se ablande. Retira la hoja de laurel, prueba la sopa y añade sal a tu gusto. Repártela en cuencos y pon por encima 1 o 2 cucharadas de pesto de chía.

BOL *RAMEN* DE SUPERALIMENTOS

Las recetas con fideos *ramen* no tienen la reputación más sana del mundo (algunas marcas de *ramen* envasado contienen una montaña de sodio y extraños aditivos que no son nada buenos para tu salud). Sin embargo, esta receta cargada de superalimentos quiere llamar tu atención, y para eso tiene un truco guardado en la manga. La base de esta sopa es un caldo rico en antioxidantes y minerales; además, la soja negra está cargada de proteínas saludables. Luego vienen los fideos *ramen*: ahora puedes encontrar muchas opciones muy buenas de estos fideos, incluyendo fideos sin gluten y algunos preparados con variedades de cereales como el mijo y el arroz integral. Y finalmente, el bol se remata con los *chips* crujientes de kale, que se vuelven jugosos a medida que reposan en la sopa. Seguro que acabas añadiéndole a esta sopa más *chips* de kale de los que necesitas, pero si ese es el peor problema que tendrás en la vida, creo que puedes considerarte afortunado.

PARA 2 RACIONES

1 puñado de kale
¼ de cucharadita de ajo en polvo
1 cucharada de aceite de oliva
3 cucharadas soperas de salsa de soja
2 tazas de caldo de setas casero (página 86) o envasado
1 taza de agua filtrada
⅛ de cucharadita de humo líquido de nogal
1 bolsa de té verde
2 cucharadas soperas de bayas de goji secas
2 cucharadas de rodajas de yacón secas (opcional)
¾ de taza de soja negra cocida (página 26) o la mitad de una lata de 425 g
1 cucharada sopera de copos de *wakame*
2 cucharaditas de aceite de coco
2 paquetes de fideos *ramen*
2 cebolletas, las partes blanca y verde clara, en rodajas finas

Precalienta el horno a 135 °C. Coloca papel de hornear o bases de silicona sobre dos bandejas de hornear.

Lava y seca completamente el kale. Retira los tallos, parte las hojas demasiado grandes y colócalas en un bol grande. Espolvoréales el ajo, el aceite de oliva y 1 cucharada sopera de salsa de soja. Frota este adobo por las hojas de kale con las manos durante aproximadamente 1 minuto, o hasta que quede distribuido de manera uniforme. Reparte las hojas de kale por las bandejas de hornear, tan separadas como sea posible. Coloca las bandejas a una altura media en el horno y asa el kale durante 20-30 minutos, dándole la vuelta durante el horneado, hasta que quede crujiente. Saca el kale del horno y déjalo enfriar en la bandeja.

Mientras el kale se está horneando, añade en una cacerola mediana las 2 cucharadas de salsa de

soja restantes, el caldo de setas, el agua, el humo líquido, la bolsa de té verde, las bayas de goji, las rodajas de yacón (si lo utilizas) y la soja. Lleva la mezcla a ebullición, luego reduce el calor a medio-bajo y cocina a fuego lento durante 15 minutos. Retira la cacerola del fuego y quita la bolsa de té. Añade los copos de *wakame* y el aceite de coco, tapa la cacerola y deja reposar la mezcla durante al menos 15 minutos. Mantén la sopa caliente hasta que esté lista para servir.

Hierve los fideos *ramen* según las instrucciones del paquete.

Para servir la sopa, reparte los fideos cocidos en dos boles y vierte la sopa encima. Añade los *chips* de kale y adorna la sopa con cebolletas.

NOTA: tanto los *chips* de kale como la sopa pueden prepararse con antelación. Para tomar la sopa, basta calentarla y cocer los fideos en el último minuto.

---

* La soja negra es una versión alta en antioxidantes de la soja verde; el sabor es una mezcla entre los garbanzos y la soja corriente. Aunque puedes encontrarla en la mayoría de las tiendas de alimentación orgánica, si no tienes esa suerte puedes sustituirlas por garbanzos.

SOPA TAILANDESA DE TALLARINES FRITOS

Esta receta es el resultado de un apaño para una cena. Mi familia tenía «mono» de tallarines *thai* (como nos pasa a veces), pero hacía demasiado mal tiempo para salir. Así que calmé los ánimos preparando una sopa de tallarines fritos con los ingredientes que tenía a mano, y salió tan buena que desde entonces no he dejado de preparar distintas versiones de ella.

PARA 4 RACIONES

1 cucharada sopera de aceite de coco

½ cebolla amarilla, picada fina

2 dientes de ajo picados

3 zanahorias trituradas

225 g de brócoli, los tallos cortados en varitas y los cogollos en trozos pequeños

1 cucharada sopera de jengibre fresco rallado

8 tazas de caldo de algas (página 89)

1 cucharada sopera de pasta amarilla de miso

3 cucharadas soperas de salsa de soja

3 cucharadas soperas de azúcar de coco

1 cucharadita de salsa *sriracha*, o a tu gusto

400 g de tofu extraduro, escurrido y cortado en dados de 1,5 cm

200 g de fideos planos de arroz

4 tazas de brotes de soja

¼ de taza de zumo de lima exprimido

2 cucharaditas de *dulse* en copos

4 cebolletas, solo las partes blanca y verde clara, cortadas finas

¼ de taza de hojas de cilantro

¼ de taza de almendras cortadas en tiras

1 lima cortada en cuartos

Calienta el aceite de coco en una olla de fondo grueso a fuego medio. Añade la cebolla y el ajo y rehógalos durante 2 minutos, sin dejar de remover. Agrega las zanahorias y los tallos y cogollos de brócoli y saltéalos hasta que el brócoli adquiera un color verde intenso, unos 3 minutos más, removiendo a menudo. Incorpora el jengibre y el caldo.

Mezcla la pasta de miso, la salsa de soja, el azúcar de coco y la salsa *sriracha*. Asegúrate que el miso esté bien diluido y luego añade la mezcla a la sopa. Sube el fuego y llévala a un hervor. Añade el tofu, los fideos, los brotes de soja, el zumo de lima y 1 cucharada sopera de *dulse*. Retira la olla del fuego y tápala. Déjala reposar 10 minutos o hasta que los fideos se ablanden, y remueve ligeramente. Sírvela en boles y añade encima las cebolletas, las hojas de cilantro, las almendras, el *dulse* restante y los gajos de lima.

NOTA: los gajos de lima no son un simple adorno. Exprímelos sobre la sopa para potenciar sus sabores, justo antes de comerla.

EXTRA DE SUPERALIMENTOS: añade 1 cucharada sopera de semillas de chía cuando incorpores los fideos, para potenciar los ácidos.

BOL DE *KIMCHI* Y FIDEOS DE TRIGO SARRACENO

El *dashi* es un caldo de algas y pescado seco. Para hacerla aún más interesante, a la receta tradicional le añado un toque reconstituyente, y cambio el pescado por setas, jengibre y *kimchi* picante coreano (como está fermentado, el *kimchi* viene cargado de enzimas excelentes para la digestión). Solo los fideos de trigo sarraceno contienen 6 g de proteínas por ración, y la col china (*bok choy*) y las semillas de sésamo son excelentes fuentes de calcio. El *dashi* es una receta flexible a la que puedes dar un toque personal añadiendo aderezos como el tofu asado, los rábanos o alguna variedad de alga más.

PARA 4 RACIONES

- 4 tazas de caldo de algas (página 89)
- 5 cm de raíz de jengibre fresco, pelado y cortado por la mitad
  1 cucharada sopera de azúcar de coco
- 1 ½ tazas de setas *shiitake* en rodajas finas
- 225 g de *soba* (fideos finos japoneses) de trigo sarraceno
  2 coles chinas *baby* (*bok choy*) cortadas por la mitad a lo largo
  1 ½ tazas de tirabeques, limpios de hilos
  2 cebolletas, solo las partes blanca y verde clara, en rodajas finas
  4 cucharadas soperas de vinagre de *umeboshi* (ciruelas japonesas)
  2 cucharaditas de aceite de sésamo
- ¼ de taza de *kimchi*, para servir
  ¼ de taza del líquido de *kimchi* (del tarro), para servir
  2 cucharadas de semillas de sésamo tostadas, para servir

En una olla grande, a fuego fuerte, mezcla el caldo de algas, el jengibre, el azúcar de coco y las setas. Llévalo todo a ebullición, reduce a fuego lento y cocínalo durante 15 minutos.

Mientras el caldo está hirviendo, prepara los fideos de trigo sarraceno según se indique en el envase. Después de que el caldo haya hervido durante 15 minutos, desecha los trozos de jengibre y añade las coles chinas y los tirabeques. Hiérvelos durante 3 minutos más, hasta que las verduras adquieran un color verde brillante y una consistencia tierna. Retira la olla del fuego y añade las cebolletas, el vinagre y el aceite de sésamo.

Para servir, reparte los fideos en cuencos. Añade las verduras y vierte el caldo encima. Coloca una montañita de *kimchi* en cada tazón y riégalo con el jugo del *kimchi*. Espolvorea las semillas de sésamo y sírvelo.

Variación: *también puedes usar quinoa cocida en caldo de verduras en lugar de los fideos de trigo sarraceno.*

SOPA DE CEBOLLA CON PARMESANO DE SEMILLAS DE CÁÑAMO

No puedo decir que esta sea una auténtica sopa francesa de cebolla, por los ingredientes saludables que le he incorporado, pero aún parece una sopa clásica. La idea es cocinar las cebollas a fuego lento hasta que se doren, extrayendo cada gota de sabor de estos maravillosos y humildes ingredientes.

PARA 8 TAZAS / 4 RACIONES

1,100 kg de cebolla amarilla, pelada y en cuartos
2 cucharadas de aceite de coco
1 cucharada de vinagre de sidra de manzana
½ taza de vino blanco
8 tazas de caldo de setas casero (página 86) o envasado
2 hojas de laurel
2 cucharadas de harina de arrurruz (o tapioca)
Sal marina y pimienta negra molida
4 rebanadas de pan esenio* tostado
1 parmesano de semillas de cáñamo (página 247)
2 cucharadas de cebolleta picada

Corta las cebollas en rodajas finas. Calienta el aceite a fuego más bien bajo y añádelas. Rehógalas durante 1 hora, removiendo cada pocos minutos, hasta que estén caramelizadas (si la sartén empieza a quemarse; reduce el fuego, las cebollas no deben quemarse). Añade el vinagre y el vino y cocina hasta que el líquido se haya evaporado. Agrega el caldo de setas y las hojas de laurel. Llévalo a un hervor a fuego fuerte, reduce a medio-bajo y déjalo hervir durante 15 minutos. Quita las hojas de laurel. Pon ½ taza de caldo en un bol pequeño y añade la harina, removiendo para mezclarlo bien. Una vez disuelta la harina, añade esta mezcla a la sopa. Sazona con sal y pimienta.

Enciende el gratinador del horno para precalentarlo. Pon la sopa en 4 boles resistentes al calor y colócalos en el horno. Corta el pan en rebanadas y ponlas sobre la sopa. Esparce generosamente el parmesano y colócala en el horno. Vigílala para que no se queme y retírala una vez el parmesano esté ligeramente dorado, en 1-2 minutos. Espolvorea por encima la cebolleta picada y pimienta recién molida y sírvela.

---

* El pan esenio se elabora con cereales germinados, que contienen más proteínas que el grano sin germinar y son más fáciles de digerir. Deberías encontrarlo en alguna tienda de alimentación natural, pero si no es así, puedes usar rebanadas de *baguette* para esta receta.

*SUGERENCIAS PARA LOS INGREDIENTES

Ejemplo: calabaza amarilla + maíz + orégano + rúcula baby

- ◆ Vegetales frescos con fécula: patatas nuevas o nabos cortados en dados de 1 cm, judías verdes en trozos.
- ◆ Hierbas frescas picadas: orégano, tomillo, mejorana, albahaca.
- ◆ Calabaza de verano: calabacines, calabaza de verano amarilla, calabaza de verano pequeña.
- ◆ Vegetales de hoja verde: espinacas, rúcula, acelgas. También puedes utilizar otras opciones más fuertes o amargas, como el diente de león o las hojas de remolacha; solo tienes que usar menos cantidad.
- ◆ Legumbres: guisantes frescos.
- ◆ Cereales: granos de maíz frescos.

SOPA DEL MERCADO DE HORTALIZAS

Nunca sabes qué tipo de hortalizas orgánicas y de variedades tradicionales encontrarás en los mercados de frutas y verduras: zanahorias arcoíris, nabos *baby*, espinacas púrpura…, la lista es interminable. Y si te has estado preguntando cómo cocinar todos estos productos, esta sopa es para ti. Todo lo que tienes que hacer es elegir un vegetal que contenga almidón, uno de hoja verde y un puñadito de hierbas frescas (en la receta tienes algunas sugerencias), y ya puedes disfrutar esta sopa, que permite improvisar y se prepara rápido.

PARA 10 TAZAS / 6-8 RACIONES

1 cucharada de aceite de oliva
½ cebolla roja picada fina
2 dientes de ajo picados
1 zanahoria en tiras
1 lata de 400 g de tomates picados sin sal o 2 tazas frescas de tomates picados
½ taza de quinoa
2 tazas de vegetales frescos con fécula*
1 cucharada de hierbas frescas picadas o al gusto*
1 ½ tazas de alubias blancas cocidas (página 26) o 1 lata de 400 g
4 tazas de caldo vegetal casero (página 84) o envasado
2 calabazas de verano cortadas en forma de fideos o desmenuzadas*
2 docenas de aceitunas Kalamata, deshuesadas y picadas
3-4 tazas de verduras de hoja verde desmenuzadas*
1 cucharada sopera de vinagre de vino tinto

Calienta el aceite en una olla de fondo grueso a fuego medio. Añade la cebolla, el ajo y la zanahoria y cocínalo todo 6-7 minutos, hasta que se ablanden. Incorpora los tomates y cocínalos 5 minutos más. Agrega la quinoa, los vegetales con fécula, las hierbas frescas, las alubias y el caldo. Sube a fuego alto y haz hervir la mezcla. Tápala, reduce el fuego a medio-bajo y cocínalo durante 12 minutos.

Retira la tapa y añade la calabaza de verano y las aceitunas. Cocínalo durante 2-3 minutos, hasta que la calabaza esté tierna, y luego retíralo del fuego. Agrega las verduras de hoja verde y el vinagre de vino tinto. Deja reposar hasta que las verduras se ablanden. Condimenta si hace falta y añade más hierbas si lo deseas. Sírvela caliente.

SOPA *MINESTRONE* DE PRIMAVERA

La primavera nos hace sentir un nuevo principio: es como una crisálida que estalla con las ofrendas más frescas de la tierra. Esta sopa aprovecha los sabores más limpios y sencillos de la primavera. Además, el disfrute será extra si añades unas virutas de parmesano de semillas de cáñamo.

PARA 7 TAZAS / 4 RACIONES

2 cucharadas de aceite de oliva, y algo más para servir
2 puerros, las partes blanca y verde, en rodajas finas
3 zanahorias arcoíris o normales de tamaño pequeño cortadas en rodajas finas
1 tallo de apio cortado en rodajas finas
2 dientes de ajo picados
350 g de patatas alevines cortadas en rodajas de 0,5 cm
6 tazas de caldo vegetal casero (página 84) o envasado
2 tazas de guisantes frescos o congelados
1 cucharada sopera de zumo de limón recién exprimido
¾ de taza de perejil picado fresco
Sal marina
2 rábanos pequeños cortados en rodajas finas
¼ de taza de parmesano de semillas de cáñamo (página 247) o de piñones tostados

Calienta el aceite de oliva en una olla de fondo grueso a fuego medio. Añade los puerros y cocínalos durante 2 minutos o hasta que estén blandos. Agrega las zanahorias, el apio y el ajo y cocínalos durante 5 minutos más, removiéndolos de vez en cuando. Incorpora las patatas y el caldo vegetal. Lleva la mezcla a ebullición con el fuego al máximo, y luego tapa la olla y reduce el fuego a medio-bajo. Cocínalo tapado durante 15-20 minutos, o hasta que las patatas estén blandas. Destapa la olla y añade los guisantes, el zumo de limón y ½ taza de perejil. Cocina la mezcla durante 2 minutos más, o hasta que los guisantes tomen un color verde brillante y estén tiernos, y retíralo del fuego. Sazona la sopa con sal al gusto. Para servir, distribúyela en cuencos, echa un chorrito de aceite de oliva y espolvorea generosamente el resto del perejil y el parmesano de semillas de cáñamo o los piñones tostados.

EXTRA DE SUPERALIMENTOS: para un extra de proteínas, añade ½ taza de quinoa sin cocer y 1 taza más de caldo mientras se hierven las patatas.

179

SOPA DE CURRI Y COCO

No hay necesidad de salir corriendo a buscar comida preparada para satisfacer el antojo de curri. ¡Puedes prepararlo en casa! Además de las verduras tiernas y del sabroso caldo, este cuenco va coronado con irresistibles chalotes crujientes y copos de coco.

PARA 8 TAZAS / 4-6 RACIONES

2 cucharadas de aceite de coco
2 chalotes, en rodajas finas
(una ½ taza)
⅓ de taza de coco rallado
(sin azúcar)
Sal marina
2 dientes de ajo picados
1 cucharada sopera de raíz
de jengibre fresca rallada
1 cucharada sopera de pasta
de curri rojo tailandés
1 cucharada sopera de curri
½ cucharada sopera de cilantro
molido
½ cucharada sopera de
cúrcuma molida
6 tazas de caldo de miso casero
(página 87) o envasado
1 cucharada de *dulse* en copos
½ taza de zanahorias cortadas
en rodajas finas
1 ½ tazas de garbanzos
(página 26) o 1 lata de 400 g
3 tazas de cogollos de brócoli
picados
1 lata de leche de coco
de 400 g con toda su grasa
1 cucharada sopera de salsa
de soja
2 cucharadas soperas de azúcar
de coco
1 taza de tirabeques, cortados
transversalmente
3 tazas de espinacas *baby*
⅓ de taza de cilantro picado
Lima en gajos para servir

Coloca un papel de cocina en un plato y resérvalo. Calienta 1 cucharada sopera de aceite de coco en una olla de fondo grueso a fuego medio-alto. Agrega los chalotes y saltéalos hasta que estén bien dorados, removiendo a menudo, durante unos 4-5 minutos. Añade el coco rallado y una pizca de sal y cocínalo durante 2-3 minutos más, hasta que el coco se dore. Pon el contenido de la olla en el plato que preparaste.

Vuelve a poner la sartén al fuego y calienta la cucharada restante de aceite de coco a fuego medio. Agrega el ajo, el jengibre, la pasta de curri, el curri, el cilantro y la cúrcuma y cocínalo todo durante 30 segundos, removiéndolo constantemente. Incorpora el caldo de miso, el *dulse*, las zanahorias y los garbanzos y llévalo a ebullición. Tápalo, reduce a fuego medio-bajo y cocínalo durante 5 minutos. Añade el brócoli, la leche de coco, la salsa de soja y el azúcar de coco y cocínalo sin tapar durante 5 minutos más. Agrega los tirabeques, las espinacas y el cilantro y cocínalo hasta que las espinacas queden blandas, aproximadamente 1 minuto más. Retíralo del fuego, repártelo en boles y aderéza con la mezcla de chalote frito y los gajos de lima.

Variación: *para un mayor aporte de proteínas, añade 2 tazas de tofu en dados a la vez que los garbanzos, o sírvela con una guarnición de quinoa cocida o de arroz negro.*

SOPA DE CALABACINES CON PURÉ DE AGUACATE Y *WASABI*

Hace tiempo, cuando estaba en la universidad, persiguiendo mi sueño de ir a la escuela de arte, vivía en un pequeño estudio. Dado que gastaba la mayor parte de mi presupuesto de estudiante en material para mis trabajos, creé el «jardín secreto» más pequeño del mundo en la parte de atrás, lo que me permitió complementar una dieta basada en gran medida en cereales baratos. Tuve suerte, mi pequeño jardín creció bien y enseguida me convertí en una experta en calabacines. Esta humilde sopa se parece a una de mis recetas de aquella época, y aún hoy es una de las favoritas. Es muy sencillo prepararla, y el aguacate se deshace en el caldo, lo que equilibra el sabor y le da un toque irresistible.

PARA 6 TAZAS / 4 RACIONES

- 4½ tazas de caldo de miso casero (página 87) o envasado
- 1½ cucharadas soperas de *wasabi* en polvo
- 1 aguacate *Hass* grande, sin hueso y pelado
- ¼ de cucharada sopera de sal marina
- 450 g de calabacín o calabaza amarilla de verano
- 1 cucharada sopera de aceite de oliva
- ½ cebolla amarilla picada fina
- 1 taza de arroz integral cocido
- 1½ tazas de alubias Great Northern (o 1 lata de 450 g)
- 2 cucharadas soperas de *dulse* en copos
- 1 cucharada de semillas de sésamo negro tostado
- ¼ de taza de microverdes para adornar (opcional)

En un robot de cocina, mezcla ½ taza de caldo de miso con el *wasabi*, el aguacate y la sal y tritúralo hasta conseguir un puré fino.

Utiliza un rallador espiral para transformar el calabacín o la calabaza de verano en fideos. Si no tienes ese tipo de rallador, córtalo en tiras.

Calienta el aceite de oliva en una olla de fondo grueso a fuego medio. Agrega la cebolla y cocínala durante 7-8 minutos, hasta que esté bien dorada. Añade el calabacín o la calabaza de verano y cocínalo durante 2 minutos más, hasta que los colores se vuelvan intensos. Incorpora el arroz, las alubias, el *dulse* y las restantes 4 tazas de caldo de miso. Cocínalo todo durante 5 minutos más a fuego medio. Para servir, cuela el caldo, viértelo en cuencos y riégalo con puré de *wasabi* y aguacate. Espolvoréale semillas de sésamo y pon un pequeño nido de microverdes encima, si lo deseas.

> **EXTRA DE SUPERALIMENTOS:** añade ½ cucharadita de espirulina en polvo a la mezcla de aguacate y fortalecerás aún más tu sistema inmunitario.

SOPA DE FARRO Y RAÍZ ASADA CON ENSALADA DE MANZANA

Uno de los momentos más emocionantes del año es cuando notas la primera señal de que llega la primavera. Durante la transición entre estaciones, me gusta seguir utilizando alimentos calientes, pero también echo de menos tomar exquisiteces frías, algo parecido a llevar un suéter con sandalias. Esta sopa, con su combinación de raíces asadas, caldo recién hecho y un crujiente aderezo crudo, es el equivalente culinario de llevar un suéter con sandalias cuando empieza a llegar el buen tiempo.

PARA 6 TAZAS / 4 RACIONES

1 cebolla amarilla grande,
en cuartos y sin pelar
1 manzana roja mediana,
sin piel y picada muy fina
2 tallos de apio cortados
en ocho partes
2 dientes de ajo grandes
sin pelar, machacados
2 cucharaditas de granos
de pimienta negra
2 cucharaditas de semillas
de mostaza
2 hojas de laurel
½ manojo de perejil fresco
2 bulbos de hinojo medianos,
en dados de 0,5 cm (unas
3 tazas), reservando los tallos
Sal marina y pimienta negra
molida
14 tazas de agua
1 taza de farro
4 zanahorias cortadas
en dados de 0,5 cm (2 tazas)
2 cucharadas soperas de aceite
de oliva
3 tazas de rábanos (de cualquier
variedad), en cuartos
del tamaño de un bocado
Ensalada de manzana
(página 246)
¼ de taza de nueces picadas

Precalienta el horno a 205 °C.

Mezcla la cebolla, la manzana, el apio, el ajo, los granos de pimienta negra, las semillas de mostaza, las hojas de laurel, el perejil, 1 taza de hinojo picado y los tallos de hinojo en una olla grande para el caldo. Agrega ½ cucharadita de sal marina y vierte encima el agua. A fuego alto, lleva la mezcla a ebullición, luego baja a fuego medio y déjala hervir sin tapar durante 20 minutos.

Cuela el caldo para eliminar todos los sólidos y viértelo en un bol grande; obtendrás alrededor de 8 tazas de caldo. Viértelo de nuevo en la olla y añade el farro. Vuelve a hervir la mezcla a fuego lento durante 30 minutos, o hasta que el farro esté blando.

Mientras el farro esté hirviendo, mezcla las zanahorias y el resto del hinojo picado en un bol grande, añade 1 cucharada sopera de aceite de oliva, dos pellizcos de sal generosos y una pizca de pimienta negra molida. Extiende la mezcla en una bandeja de hornear. Mezcla los rábanos con la otra cucharada de aceite de oliva y sazona con sal y pimienta. Extiende la mezcla en una segunda bandeja. Coloca ambas bandejas en las rejillas centrales del horno y asa las hortalizas durante 20-22 minutos, dándoles la vuelta, hasta que empiecen a dorarse.

Una vez que el farro esté tierno, agrega las hortalizas asadas y cocínalo a fuego lento durante 1 minuto más. Si se consume demasiada agua, agrega un poco más (la sopa debe ser caldosa y dar unas 6 tazas). Corrige los condimentos a tu gusto. Repártela en cuencos, añade la ensalada de manzana por encima y espolvorea las nueces.

SANCOCHOS Y GACHAS

Los sancochos y las gachas son platos que te invitan a acurrucarte con ellos entre las manos. Alguien podría decir que estas recetas (el sancocho, una cazuela esto-fada, y las gachas, sopas a base de cereales) no son realmente sopas. La verdad es que son platos consistentes con una base espesa y cremosa y abundantes ingredien-tes para masticar; pero a la vez son platos con cuerpo que satisfacen la nostalgia por la sopa más que ninguna otra receta. Tanto si decides que el día es lo bastante frío como para entrar en calor con un sancocho de coliflor asada (página 192), como si te quieres regalar un sencillo bol de gachas de ñame de agua con trigo sarraceno (página 195), estarás disfrutando de un generoso y sabroso bol, que puedes tomar a cualquier hora del día, cualquier día de la semana.

❋ INCLUYE UN INGREDIENTE QUE ES UN SUPERALIMENTO

❋ BELLEZA ◖ HUESOS FUERTES ◗ LIMPIEZA Y DESINTOXICACIÓN

♥ CORAZÓN SANO ❊ SISTEMA INMUNOLÓGICO

◗ BAJO EN CALORÍAS ⬡ PROTEÍNAS

SANCOCHO DE GUISANTES Y SEMILLAS DE CÁÑAMO

Esta sopa superproteínica viene cargada de nutrientes beneficiosos como el hierro, la fibra y los ácidos grasos omega, estos últimos, potenciadores de la función cerebral.

PARA 8 TAZAS / 6 RACIONES

2 cucharadas soperas de aceite de coco
1 cebolla amarilla mediana picada
4 dientes de ajo grandes picados finos
2 zanahorias en rodajas finas
2 tallos de apio picados finos
2 hojas de laurel
1 ½ tazas de guisantes verdes partidos
3 cucharadas soperas de pasta amarilla de miso
8 tazas de agua
⅓ de taza de nueces crudas picadas finas
½ taza de semillas de cáñamo
Sal marina y pimienta negra molida

Calienta el aceite de coco a fuego medio-alto en una olla grande. Añade la cebolla y cocínala durante 2 minutos. Agrega los ajos, las zanahorias y el apio y rehógalo todo durante 3-4 minutos más hasta que las hortalizas se ablanden. Incorpora las hojas de laurel, los guisantes, la pasta de miso y el agua y remueve para mezclarlo. Tápalo, llévalo a ebullición y reduce el fuego a medio-bajo. Cocínalo durante 50-60 minutos, removiendo de vez en cuando, hasta que los guisantes se hayan abierto, y añade más agua si hace falta. Agrega las nueces y las semillas de cáñamo y condimenta con sal y pimienta al gusto. Sirve la sopa caliente, con abundante pimienta negra recién molida.

SANCOCHO DE ALCACHOFAS

Esta receta se prepara en un santiamén si utilizas corazones de alcachofa envasados (por cierto, las alcachofas en tarro tienen mejor sabor que las de lata, en caso de que te lo estés preguntando). Eso sí, asegúrate de que vienen conservados en agua y no marinados en aceite. Las alcachofas son una base fenomenal para el sancocho, gracias a su textura jugosa.

PARA 6 TAZAS / 4 RACIONES

3 tallos de apio
1 cucharada sopera de aceite de oliva
1 cucharada sopera de vinagre balsámico, y un poco más para aderezar
Sal marina y pimienta negra
6 tazas de caldo de miso casero (página 87) o envasado
1 cucharada sopera de *dulse* en copos
½ taza de anacardos crudos
2 cucharadas soperas de semillas de cáñamo
1 cucharada sopera de aceite de coco
2 chalotes picados (½ taza)
2 dientes de ajo picados
1½ tazas de corazones de alcachofa al vapor (o 1 tarro de 400 g de corazones de alcachofa en agua, escurridas), cortados*
1 cucharada sopera de *cordyceps* en polvo
2 cucharadas soperas de arrurruz en polvo
1 cucharada sopera de zumo de limón recién exprimido

Arranca las hojas que tenga el apio y resérvalas para aderezar. Pica finos 2 de los tallos de apio y guárdalos. Tritura el tallo restante y mezcla en un tazón el aceite de oliva, el vinagre balsámico, ¼ de cucharadita de sal marina y ¼ de cucharadita de pimienta negra; resérvalo.

En una batidora, mezcla 1 taza de caldo de miso con el *dulse* en copos, los anacardos y las semillas de cáñamo. Tritura esta combinación hasta conseguir un puré de textura suave. Mantén la mezcla en la batidora mientras preparas el resto de la sopa.

Calienta el aceite de coco en una olla de fondo grueso a fuego medio. Incorpora los dos tallos de apio picados, los chalotes y el ajo y rehógalos hasta que se ablanden, unos 5 minutos. Viértelos en el resto del caldo de miso y agrega los corazones de alcachofa y los *cordyceps* en polvo. Lleva la mezcla a ebullición a fuego alto, luego reduce a fuego lento y sigue cocinándolos 10 minutos. Vierte la sopa

---

* Si prefieres preparar la receta cociendo al vapor alcachofas frescas, necesitarás unas 4-6 piezas, dependiendo del tamaño que tengan.

en la batidora, sobre la mezcla de anacardos que batiste al principio, y añade el arrurruz. Tritura un momento la sopa —solo debe estar parcialmente triturada—, dejando trocitos de ingredientes para poder masticarlos. Pon nuevamente la olla al fuego y cocina a fuego bajo durante 3 minutos más. Retírala del fuego y agrega el zumo de limón. Corrige el condimento a tu gusto, si hace falta. Para servir la sopa, viértela en cuencos individuales y cúbrela con un montoncito de apio picado con el vinagre balsámico. Añade unas gotas más de vinagre balsámico encima y adórnalo con las hojas de apio.

CREMA DE BRÓCOLI CON QUESO

Esta receta es muy parecida a la versión tradicional. Mi forma favorita de servirla es cubrir una patata con la crema, espolvorear algunas semillas de cáñamo por encima, y ya está, ya tengo la comida del día. Seguro que no te decepciona.

PARA 8 TAZAS / 4 RACIONES

2 cucharadas soperas de aceite de coco
1 cebolla amarilla de tamaño grande picada fina
2 dientes de ajo picados
700 g de brócoli, los tallos y los cogollos divididos y picados finos
450 g de coliflor picada fina (unas 4 tazas)
8 tazas de caldo de miso casero (página 87) o envasado
2 tazas de agua como mínimo
¼ de taza de semillas de cáñamo
2 cucharadas soperas de sésamo
⅓ de taza de levadura nutricional
1 cucharadita de pimentón
½ cucharadita de pimienta negra molida
1 cucharada sopera de vinagre de *umeboshi* (ciruelas japonesas)

Calienta el aceite de coco en una olla de fondo grueso a fuego medio. Añade la cebolla y el ajo y rehógalos 3-4 minutos, removiendo de vez en cuando. Agrega los tallos de brócoli (no los cogollos) y la coliflor y cocínalos 3 minutos más. Incorpora el caldo de miso y el agua y reduce el fuego a medio-bajo, para hervir la mezcla a fuego lento. Mantenla en el fuego durante 15-20 minutos, o hasta que la coliflor esté muy blanda. Retira la olla del fuego y agrega las semillas de cáñamo, el sésamo, la levadura nutricional, el pimentón y la pimienta negra.

Vierte la mezcla en una batidora, en partes si es necesario, y tritúrala hasta conseguir un puré suave. Pon de nuevo la mezcla en la olla (no hace falta que limpies la batidora todavía). Añade los cogollos de brócoli a la sopa y hiérvela a fuego suave. Tapa la olla y cocina la mezcla durante 10-15 minutos, o hasta que los cogollos de brócoli estén tiernos.

Retira la olla del fuego y añade el vinagre. Coloca la mitad del contenido en la batidora y tritúralo. Hazlo solo un momento para que no pierda textura. Devuélvelo a la olla. La crema debe ser espesa, pero si no te gusta así, puedes diluirla añadiendo ¼ de taza de agua cada vez, hasta lograr la textura que te agrade. Corrige el condimento, si hace falta, y sírvela caliente.

EXTRA DE SUPERALIMENTOS: ¿quieres una sopa con más propiedades antiinflamatorias todavía y un poco más de color amarillo? Añade ¼ de cucharadita de cúrcuma en polvo cuando agregues las especias.

SANCOCHO DE GÍRGOLAS CON VIRUTAS DE BEICON DE COCO

Las gírgolas o champiñones ostra tienen un remoto sabor a mar, pero realmente saben más a setas que a verdaderas ostras. Si no puedes encontrar esta variedad de setas, sustitúyela por otra variedad fresca y conseguirás innumerables variaciones de este versátil plato.

PARA 8 TAZAS / 6 RACIONES

²/₃ de taza de anacardos crudos
6 tazas de caldo de algas (página 89)
2 cucharadas de aceite de coco
2 puerros limpios cortados por la mitad y en rodajas finas
1 bulbo de hinojo mediano picado fino
2 tallos de apio picados finos
4 dientes de ajo picados
350 g de patatas rojas cortadas en dados de 1,5 cm
1 rama de romero fresco
1 cucharada de *cordyceps* en polvo (opcional)
200 g de gírgolas (champiñones ostra), divididas, limpias y picadas en trozos grandes (unas 3 tazas)
½ taza de vino blanco seco
2 cucharaditas de *dulse* en copos
Sal marina y pimienta negra molida
½ taza de virutas de beicon de coco (página 242)
¼ de taza de perejil picado

Tritura en la batidora los anacardos con 2 tazas de caldo de algas, hasta conseguir una mezcla de textura fina. Resérvala.

Calienta el aceite de coco en una olla de fondo grueso a fuego medio. Añade los puerros y rehógalos durante 2 minutos, o hasta que tomen un color verde brillante y estén blandos. Incorpora el hinojo, el apio y el ajo y cocínalos durante 4-5 minutos más para ablandarlos. Agrega las patatas, el romero, el *cordyceps* (si lo deseas) y las restantes 4 tazas del caldo. Lleva la mezcla a ebullición a fuego fuerte y luego reduce a medio-bajo. Tapa la olla y cocina a fuego lento durante 12-15 minutos, o hasta que las patatas estén tiernas. Desecha el romero y agrega las setas, el vino y la mezcla de anacardos. Devuelve la sopa a la olla y cocínala a fuego lento, durante 5 minutos más, o hasta que los champiñones estén cocidos. Incorpora el *dulse* y sazona a tu gusto. Sírvela en cuencos y cúbrela generosamente con las virutas de beicon de coco y perejil fresco picado.

Variación: *si tienes poco tiempo, puedes usar caldo de miso (página 87) en lugar de caldo de algas.*

191

SANCOCHO DE COLIFLOR ASADA

Esta sopa casera te recarga las pilas, gracias al contenido en minerales de sus ingredientes, como la coliflor y las algas.

PARA 8 TAZAS / 4-6 RACIONES

1 coliflor de tamaño mediano (aproximadamente 700 g)
3 cucharadas soperas de aceite de coco mezclado
Sal marina y pimienta negra molida
1 cebolla amarilla picada fina
4 ramas de apio picado fino
3 dientes de ajo picados
1 cucharada sopera de tomillo fresco picado
2 hojas de laurel
450 g de patatas *Yukon Gold*, cortadas en dados de 1,5 cm
$\frac{1}{8}$ de cucharadita de cayena
5 tazas de caldo de algas (página 89)
2 cucharadas soperas de sésamo
1 cucharada sopera de zumo de limón recién exprimido
1 cucharada sopera de *dulse* en copos, y un poco más para aderezo
$\frac{1}{4}$ de taza de cebollinos frescos picados
$\frac{1}{4}$ de taza de piñones tostados para aderezar

Precalienta el horno a 200 °C. Corta el extremo grueso y las hojas de la coliflor. Pica los cogollos y el tallo en trozos pequeños, del tamaño aproximado de las palomitas de maíz, y colócalos en un tazón grande (deberían salirte unas 8 tazas). Mezcla la coliflor con 2 cucharadas de aceite de coco, ½ cucharadita de sal marina y ¼ de cucharadita de pimienta negra molida. Esparce la coliflor sobre una bandeja de hornear y ásala durante 25-28 minutos, removiéndola una vez a mitad del horneado, hasta que esté bien dorada y crujiente. Retira la coliflor del horno y tápala para mantenerla caliente.

Mientras la coliflor se está asando, calienta la cucharada restante de aceite de coco en una olla de fondo grueso, a fuego medio. Añade la cebolla y el apio y cocínalos a fuego muy suave, unos 9-10 minutos, removiendo ocasionalmente. Incorpora el ajo, el tomillo y las hojas de laurel y cocínalo todo 1 minuto más. Agrega las patatas, la cayena, el caldo de algas, ¼ de cucharadita de sal y ¼ de cucharadita de pimienta negra. Sube el fuego al máximo y lleva la mezcla a ebullición. Reduce el calor a medio-bajo, tapa parcialmente la olla y cocina a fuego lento durante 15 minutos, o hasta que las patatas estén muy blandas. Baja el fuego y desecha las hojas de laurel.

Vierte 2 tazas de la sopa en una batidora, incorpora el sésamo y el zumo de limón y mézclalo todo hasta que quede una textura fina. Vierte la mezcla nuevamente en la olla junto con el *dulse* en copos, 2 cucharadas de cebollinos y la coliflor asada. Deja que los ingredientes se calienten a fuego lento unos 2 minutos. Pruébalo y corrige el condimento si hace falta. Sírvelo después de rociar generosamente piñones, cebollinos, *dulse* en copos y pimienta negra recién molida.

SANCOCHO INCA

Amaranto, chía, maíz, alubias y patatas eran algunos de los alimentos básicos del antiguo Imperio inca. Y a juzgar por lo bien que combinan en este sancocho de color dorado parecido a unas gachas, los incas sabían comer bien. Aunque puedes tomarla recién hecha, su sabor mejora con un poco de tiempo, por lo que te recomiendo dejarla reposar al menos 30 minutos antes de servirla.

PARA 7 TAZAS / 4 RACIONES

1 cucharada de aceite de coco
1 puerro limpio y en rodajas
2 dientes de ajo picados
1 hoja de laurel
225 g de patatas Yukon Gold cortadas en dados de 1,5 cm
⅓ de taza de amaranto
4 tazas de caldo vegetal casero (página 84) o envasado
1 cucharadita de pimentón
1 chile de árbol seco, en trozos pequeños, o 1 pizca de cayena
Sal marina y pimienta negra
Granos de maíz de 2 mazorcas (1½ tazas)
1½ tazas de alubias pintas hervidas (página 26) o 1 lata de 450 g (escurridas)
2 cucharadas de semillas de chía
2 cucharadas soperas de zumo de lima recién exprimido
1 cucharada de jarabe de arce
4 cebolletas, las partes blanca y verde clara en rodajitas finas
2 cucharadas soperas de semillas de calabaza picadas

Calienta el aceite en una olla grande a fuego medio. Añade el puerro y saltéalo 3 minutos, removiéndolo con frecuencia, hasta que se ablande. Agrega el ajo, el chile de árbol y la hoja de laurel y saltéalo todo durante 1 minuto más. Incorpora las patatas, el amaranto, el caldo vegetal, el pimentón, la cayena, ¼ de cucharadita de sal y ¼ de cucharadita de pimienta negra molida. A fuego alto, lleva a ebullición y luego reduce el fuego, tápalo y cocínalo durante 15 minutos. Añade el maíz, cubre la olla y cocínalo 10 minutos más. Agrega las alubias, la chía, el zumo de lima, el jarabe de arce y las cebolletas. Cocina a fuego lento durante 5 minutos, retírala del fuego y déjala reposar durante 5 minutos más para permitir que el amaranto y la chía se hinchen. Retira la hoja de laurel, prueba la sopa y corrige los condimentos a tu gusto. Sírvela caliente, con las semillas de calabaza espolvoreadas por encima.

IDEAS FELICES: los incas cultivaron más de cuarenta variedades diferentes de patatas, y fueron ellos quienes idearon la patata deshidratada. Hoy en día, son el tubérculo más cultivado en Estados Unidos. Son mucho más que un alimento práctico: constituyen una gran fuente de vitamina C (media patata contiene casi la mitad de nuestras necesidades diarias, así como de potasio). Y además son sorprendentemente bajas en calorías.

GACHAS DE ÑAME DE AGUA CON TRIGO SARRACENO

Para el desayuno, el almuerzo, la cena, un tentempié... Si tengo en casa estas gachas ligeramente dulces, casi siempre me tomo una ración más. El trigo sarraceno o alforfón tiene un sabor como a nuez, a tierra (consulta «Guía para comprar ingredientes» en la página 257). Es un fantástico acompañamiento para las calabazas y las patatas, o como en este caso, para el ñame japonés púrpura o ñame de agua. En cuanto al ñame, cuando se tuesta sabe un poco a caramelo y es excepcionalmente rico en antioxidantes, por no mencionar lo apetitoso de su aspecto. Si no lo encuentras, también puedes utilizar ñames corrientes o boniatos.

PARA 4 RACIONES

1 cucharada de aceite de coco
450 g de ñame japonés (aproximadamente 2 piezas de tamaño medio), pelado y cortado en dados de unos 2 cm
Sal marina y pimienta negra molida
1 taza de trigo sarraceno (alforfón)
5 tazas de leche de almendras sin azúcar
1 rama de canela
1 cucharada de azúcar de coco, y algo más para aderezar
2 cucharaditas de semillas de chía
¼ de taza de avellanas picadas
¼ de taza de copos de coco sin azúcar

Calienta el horno a 200 °C. Pon el aceite de coco en una fuente o en una cacerola grande y caliéntalo en el horno hasta que se funda, aproximadamente de 2 a 3 minutos. Retira la fuente del horno y agrega los ñames. Espolvorea por encima ½ cucharadita de sal marina y una buena cantidad de pimienta negra, mézclalo bien y distribuye los ñames en una capa uniforme. Tápalo con papel de aluminio y hornea durante 10 minutos. Quita el papel de aluminio, mezcla los ñames, cúbrelos una vez más y devuélvelos al horno. Hornéalos durante 5-10 minutos más, o hasta que estén bien dorados y muy tiernos.

Mientras tanto, mezcla en una olla grande el alforfón, la leche de almendras, la rama de canela y una pizca de sal (la mezcla subirá sustancialmente mientras se cocina). A fuego fuerte, llévalo a ebullición y vigílalo para que la leche no se salga. Una vez que hierva, reduce a fuego lento y tapa la olla parcialmente, dejando un poco de espacio entre la olla y la tapa; a continuación, hiérvelo 10 minutos más. Retira la olla del fuego y desecha la rama de canela. Agrega 1 cucharada de azúcar de coco y mantén las gachas calientes hasta que estén listas para servir.

Para servirlas, viértelas en tazones y reparte por encima los ñames asados. Espolvoréale azúcar de coco al gusto y luego añade las semillas de chía, las avellanas y los copos de coco.

SANCOCHO DE MAÍZ Y SORGO

El sorgo y el maíz están hechos el uno para el otro (como dos guisantes en una vaina). Sus sabores y texturas se complementan perfectamente en esta apetitosa sopa al estilo del sudoeste. Con estas cantidades obtendrás bastante sopa, así que si piensas que no vas a consumirla toda en los próximos días, no te preocupes, puedes congelarla para disfrutarla otro día y además está muy buena recalentada.

PARA 10 TAZAS / 6-8 RACIONES

3 mazorcas de maíz
¼ de taza de sorgo
1 hoja de laurel
11 tazas de agua
Sal marina y pimienta negra molida
2 cucharadas de aceite de coco
½ cebolla amarilla mediana picada fina
4 dientes de ajo grandes picados
1 pimiento de Anaheim, sin semillas y picado
225 g de calabacín cortado en dados de 1/2 cm
225 g de patatas rojas cortadas en dados de 1/2 cm
¼ de cucharadita de cayena
½ taza de anacardos crudos
1 cucharada de pasta amarilla de miso
2 cucharadas de arrurruz en polvo
2 cucharadas de zumo de limón recién exprimido
½ taza de cilantro fresco picado

Separa los granos de las mazorcas de maíz y resérvalos en un bol (serán unas 2 ¼ tazas). Coloca las mazorcas en una olla de fondo grueso, agrega el sorgo y la hoja de laurel y cúbrelo todo con 10 tazas de agua. Llévalo a ebullición y luego cuécelo a fuego medio durante 45 minutos. Desecha las mazorcas y la hoja de laurel y añade ¾ de cucharadita de sal marina y de pimienta. Transfiere el caldo y el sorgo a un tazón grande o una jarra.

Devuelve la olla al fuego y calienta el aceite de coco a fuego medio. Una vez que el aceite esté caliente, agrega la cebolla y saltéala durante 5 minutos. A continuación, incorpora el ajo y el pimiento de Anaheim y cocínalo todo, removiendo a menudo, durante 2 minutos más. Añade el calabacín, junto con los granos de maíz reservados. Echa una pizca de sal y pimienta negra molida y cocínalo durante 5 minutos más, mezclándolo ocasionalmente. Agrega las patatas, la cayena y el sorgo con su caldo. Haz hervir la mezcla a fuego fuerte, luego reduce y cocina a fuego lento durante 15 minutos, o hasta que las patatas estén muy blandas.

En una batidora mezcla los anacardos, el miso, el arrurruz y el resto del agua (1 taza). Mézclalo hasta que quede un puré fino y añádelo a la sopa. Vuelve a hacer hervir la sopa y luego cocínala a fuego lento durante 5 minutos para permitir que el arrurruz se espese. Retira la olla del fuego y añade el zumo de lima y ¼ de taza de cilantro. Pruébala y corrige el condimento si hace falta. Sírvela en cuencos individuales y decórala por encima con el resto del cilantro.

GACHAS DE CHÍA Y LENTEJAS ROJAS CON ACHICORIA

Ponte la ropa de estar por casa más cómoda que tengas y sumérgete en este tazón de puro placer. No solo es un plato supersabroso y cargado de proteínas, además, es muy fácil de preparar y la prueba de por qué las gachas gustan tanto.

PARA 4 RACIONES

1 cucharada sopera de aceite de oliva

1 cebolla amarilla mediana picada fina

1 zanahoria picada fina

4 dientes de ajo picados

½ taza de lentejas rojas

½ taza de quinoa

2 cucharaditas de comino molido

1 cucharadita de cúrcuma en polvo

1 pellizco de cayena

6 tazas de caldo vegetal casero (página 84) o envasado

Sal marina y pimienta negra molida

3 cucharadas soperas de limón recién exprimido

2 cucharadas soperas de semillas de chía

½ achicoria pequeña en rodajas finas como el papel cortadas con mandolina

2 cucharadas soperas de hojas de perejil o cilantro picadas para aderezar

Calienta el aceite de oliva en una olla de fondo grueso a fuego medio. Añade la cebolla, la zanahoria y el ajo. Saltéalo todo, removiéndolo de vez en cuando, hasta que la cebolla esté transparente, unos 5 minutos. Incorpora las lentejas, la quinoa, el comino, la cúrcuma y la cayena, removiéndolo para mezclarlo. Vierte el caldo vegetal, agrega ¼ de cucharadita de pimienta negra molida y sube el fuego. Lleva la mezcla a ebullición, baja el fuego a medio y cocina durante 20 minutos, o hasta que las lentejas estén casi disueltas y la quinoa esté muy tierna. Retírala del fuego y añade el zumo de limón y las semillas de chía. Bátela para conseguir la textura de gachas (si no la bates, te quedará una sopa con tropezones). Vierte las gachas en boles y cúbrelas con las rodajas de achicoria y las hojas de perejil o cilantro.

GACHAS DE AMARANTO CON *ZAATAR*

El amaranto le da a la sopa la maravillosa textura de las gachas. En esta receta se equilibra con patata, maíz dulce, garbanzos salados y rúcula. Pero la verdadera estrella del espectáculo es el condimento, el *zaatar* (página 237), que convierte a esta humilde sopa en una ración de cielo, gracias a su sabor ácido y amaderado.

PARA 6 TAZAS / 4 RACIONES

1 cucharada de aceite de oliva
½ cebolla amarilla picada fina
2 dientes de ajo picados
1 patata *russet* mediana pelada y cortada en dados de 1,5 cm
1 cucharada + cucharadita de *zaatar* (página 237)
¾ de taza de amaranto
4 tazas de caldo vegetal casero (página 84) o envasado de bajo contenido en sodio
1½ tazas de garbanzos cocidos (página 26) o 1 lata de 450 g
1 taza de granos de maíz congelados, listos para usar
1 cucharada de zumo de limón recién exprimido
3 tazas de rúcula *baby*
Sal marina y pimienta negra molida
2 cucharadas de pasta de sésamo
Zumaque para aderezar (opcional)

Calienta el aceite de oliva en una olla a fuego medio. Añade la cebolla y el ajo y saltéalos durante 5 minutos, removiéndolos de vez en cuando, hasta que la cebolla sea translúcida. Agrega la patata, 1 cucharada de *zaatar* y el amaranto y cocínalo todo 1 minuto más. Vierte el caldo y aumenta el fuego a fuerte. Lleva la sopa a ebullición, tápala y reduce el fuego a medio. Cocínala a fuego lento durante 15 minutos. Agrega los garbanzos y el maíz y cuécelo todo a fuego lento, sin taparlo, durante 10 minutos. Retira la olla del fuego y añade el zumo de limón y la rúcula, hasta que las hojas estén blandas.

Justo antes de servir, en un tazón pequeño, mezcla la pasta de sésamo y la cucharadita de *zaatar* restante. Pon un poco de agua en el tazón (la cantidad variará en función del espesor de la pasta de sésamo; empieza con un par de cucharadas) y bate con el tenedor la mezcla hasta que obtengas una salsa con una textura que permita rociarla fácilmente. Añade 1 cucharada de esta salsa a la olla y corrige el condimento a tu gusto. Para servir, vierte la gachas en boles pequeños y rocíale más salsa de sésamo y un pellizco generoso de zumaque.

GACHAS DE *FREEKEH* CON *SHIITAKE* Y KALE

Ya está aquí tu nueva receta para la cena de las noches entre semana. Si el tiempo no te sobra, puedes preparar las gachas de *freekeh* unos días antes (por decir algo, un domingo tranquilo) y simplemente recalentarlas con un poco de caldo mientras preparas el aderezo de setas y de kale para este sabroso plato. ¡Listo! Ya tienes lista la cena en 15 minutos.

PARA 4 RACIONES

5 tazas de caldo de setas casero (página 86) o envasado, y un poco más por si acaso

1 taza de *freekeh*

2 cucharadas soperas de salsa de soja

3 cucharadas soperas de aceite de oliva

2 dientes de ajo grandes picados

6 hojas de kale rizadas, al vapor y picadas finas

Sal marina y pimienta negra molida

1 taza de chalotes cortados finos

225 g de setas *shiitake*, en láminas finas (unas 6 tazas)

2 cucharadas soperas de vinagre de sidra de manzana

¼ de taza de semillas de cáñamo

2 rabanillos cortados finos

Mezcla 4 tazas de caldo de setas y el *freekeh* en una cacerola mediana. Haz hervir la mezcla suavemente a fuego medio. Tapa la cacerola y baja el fuego. Deja que se cocine a fuego lento, sin removerla, durante 30 minutos. Retira la cacerola del fuego déjala reposar, todavía tapada, durante 15 minutos más, para que el vapor acabe de ablandar los ingredientes.

Vierte 1 taza del *freekeh* cocinado (la mezcla será caldosa) y la restante taza de caldo en la batidora. Tritura hasta que quede una textura fina, añade la salsa de soja y devuelve la mezcla a la cacerola. Mantén las gachas calientes con el fuego bajo, agregando caldo según haga falta para conseguir una textura espesa.

Calienta 1 cucharada de aceite de oliva en una sartén grande. Añade el ajo y saltéalo durante 30 segundos. Agrega las hojas de kale y una pizca de sal. Cocínalo todo, removiendo constantemente, hasta que el kale tome un color verde brillante y se ablande. Ponlo en un plato y cúbrelo para mantenerlo caliente. Vuelve a colocar la sartén en el fuego y calienta las restantes 2 cucharadas de aceite. Añade los chalotes y cocínalos durante 2 minutos, removiéndolos para que se ablanden. Agrega las setas, una pizca de sal y pimienta negra molida al gusto. Incorpora el vinagre de manzana y cocina, removiendo constantemente, durante 3-4 minutos más, hasta que las setas estén muy tiernas. Retira la sartén del fuego. Vierte las gachas en boles individuales y cúbrelas con una capa de kale y setas. Espolvorea las semillas de cáñamo y añade los rábanos cortados muy finos encima.

GACHAS DE QUINOA Y NUECES CON CÚRCUMA

Esta receta es lo que llamo una comida instantánea. En serio, estas gachas delicio-sas, supercaseras, antiinflamatorias y cargadas de proteínas se preparan en 5 minutos, y una vez seas adicto a ellas (únete al club), prueba una de las variaciones que te propon-go al final de la receta. Aunque son geniales para una comida rápida o para una cena, puedes tomarlas como un desayuno caliente por la mañana, si te gustan los desayunos salados tanto como a mí.

PARA 5 TAZAS / 4 RACIONES

- 4 tazas de caldo vegetal casero (página 84) o envasado
- ½ cucharadita de cúrcuma en polvo
- 1 taza de copos de quinoa
- ½ taza de espinacas *baby* cortadas finas
- 1 cucharada sopera de aceite de coco
- 1 ½ cucharadas soperas de levadura nutricional
- 1 ½ cucharadas soperas de salsa de soja
- ¼ de taza de nueces picadas
- ⅛ de cucharadita de pimienta negra molida
- 3 cucharadas soperas de semillas de cáñamo

En una cacerola mediana, haz hervir a fuego fuerte el caldo vegetal y la cúrcuma. Añade los co-pos de quinoa, hazlo hervir de nuevo y cocínalo durante 90 segundos, removiendo a menudo. Re-tira la cacerola del fuego y añade las espinacas, el aceite de coco, la levadura nutricional, la salsa de soja, las nueces, la pimienta y 2 cucharadas sope-ras de semillas de cáñamo. Deja que las gachas se asienten durante 1 minuto, viértelas en boles indi-viduales y cúbrelas con la cucharada sopera restan-te de semillas de cáñamo.

Variaciones: *las gachas de quinoa, nueces y cúrcuma deberían llamarse gachas base, porque van con casi todo. Por ejemplo, simplemente añádeles 1 cucharada de cual-quier salsa preparada con superalimentos, como el pesto de chía (página 238), la* harissa verde *(página 239) o la* harissa de gojis *(página 241). Todos los ingre-dientes funcionan excepcionalmente bien sobre esta base de caldo vegetal y copos de quinoa, dando como resultado un sustancioso bol. También puedes añadirle a la mezcla*

SUPERFOOD SOPAS (Sopas de superalimentos)

un puñado de verduras de hoja verde picadas y aderezarla con tus semillas y frutos secos favoritos. Ya tienes unas gachas a las que recurrir, personalizables, superfáciles de preparar y
saciantes a más no poder.

KITCHARI

El *kitchari* es una famosa mezcla utilizada en medicina ayurvédica, que generalmente incluye un ingrediente con fécula (en forma de cereal) y una proteína (en forma de legumbre). Esta receta se emplea para equilibrar el cuerpo de innumerables maneras (desintoxicarlo, facilitar la digestión, equilibrar el peso y ayudar a la recuperación de la enfermedad o algún problema físico). Algunos preparan grandes cantidades de *kitchari* para usarlo como purificador básico. Independientemente de cuánto lo disfrutes, el *kitchari* se considera lo último en gachas saludables.

PARA 7 TAZAS / 4 RACIONES

2 cucharadas de aceite de coco
1 cucharadita de semillas
de comino
1 cucharadita de semillas
de hinojo
1 cucharadita de semillas
de mostaza negra
1 taza de arroz integral
de grano largo
½ taza de guisantes amarillos
secos
1 cucharadita de cilantro picado
½ cucharadita de cúrcuma
molida
1 cucharadita de jengibre
recién rallado
6 tazas de agua
1 tira seca de *kombu*
de 2,5 x 5 cm
1 cucharada de chaga en polvo
(opcional)
Sal marina
1 taza de zanahorias
picadas finas
2 tazas de coliflor picada fina
4 hojas de acelgas medianas
picadas finas, tallos y hojas
por separado (unas 2 tazas)
¼ de taza de cilantro fresco
picado (opcional)

Calienta el aceite de coco en una olla de fondo grueso a fuego medio. Una vez caliente, agrega el comino, las semillas de hinojo y las de mostaza negra. Rehoga la mezcla, removiéndola hasta que las semillas de mostaza empiecen a reventar y las especias liberen su aroma, unos 2-3 minutos. Añade el arroz integral, los guisantes amarillos, el cilantro, la cúrcuma y el jengibre y cocínalo todo durante 1 minuto más, removiendo constantemente para que no se quemen las especias. Vierte las 6 tazas de agua y agrega la tira de *kombu*, la chaga en polvo (si lo deseas) y 1 ¼ cucharaditas de sal marina. Lleva la mezcla a ebullición a fuego fuerte. Tápala, reduce el fuego a medio-bajo y cocínala durante 30 minutos.

Incorpora las zanahorias, la coliflor y los tallos de acelgas picados, y agrega más agua si ves que es necesario. Tapa de nuevo la olla y cocina la mezcla durante 30 minutos más, o hasta que las verduras, el arroz y los guisantes queden muy tiernos. Añade las hojas de las acelgas, corrige los condimentos si

hace falta y añade más agua si deseas una consistencia más líquida. Retira la sopa del fuego y déjala reposar hasta que las acelgas estén tiernas. Sírvela caliente con un poco de cilantro picado.

Variación: *la composición y la estructura del* kitchari *son inmensamente flexibles. En esta receta puedes utilizar de 2 a 6 tazas de cualquier verdura que te guste, por ejemplo calabacín y judías verdes. Incluso puedes sustituir el arroz por otra fécula y los guisantes por otra leguminosa.*

ESTOFADOS Y CHILES

*Puede que no haya mucha diferencia entre una sopa sustanciosa, de las que lle-
van ingredientes sólidos, y un chile (ya sabes, las sopas espesas, a veces picantes,
que suelen prepararse con carne). Pero una cosa está clara: da igual cómo llames
a estas recetas. Ambos tipos son un magnífico ejemplo de platos realmente saciantes. Hunde tu cuchara en las recetas de este capítulo y comprobarás lo deliciosas
y agradables que son. Si te gustan los sabores complejos y la idea de disfrutar de
una comida completa en un simple bol, aquí encontrarás platos deliciosos con alto
contenido proteínas como el chile de coliflor y chía (página 210) o creaciones
ricamente especiadas como el estofado de harira marroquí (página 219). Una
vez la olla de sopa esté en el fuego, solo tienes que preocuparte de saciar tu hambre.*

✳ INCLUYE UN INGREDIENTE QUE ES UN SUPERALIMENTO

✳ BELLEZA ◉ HUESOS FUERTES ◣ LIMPIEZA Y DESINTOXICACIÓN

♥ CORAZÓN SANO ◉ SISTEMA INMUNOLÓGICO

◗ BAJO EN CALORÍAS ⬡ PROTEÍNAS

SOPA DE CEBADA CON SETAS *PORTOBELLO* Y CREMA DE RÁBANOS PICANTES

Hay algo apasionante en esta sopa apetitosa, con la textura crocante con sabor a carne de la cebada y las setas *portobello* y la suavidad de las semillas de chía (que además contienen muchas proteínas y fibra). Un chorrito generoso de crema de rábanos picantes le añade la chispa, una sensación parecida a escribir tu nombre con un rotulador con tinta de purpurina.

PARA 6 TAZAS / 4 RACIONES

1 cucharada de aceite de coco
½ cebolla amarilla mediana picada fina
1 zanahoria cortada en rodajas finas
1 tallo de apio cortado en rodajas finas
225 g de setas *portobello* cortadas en dados de 1,5 cm
2 dientes de ajo picados
1 cucharadita de hojas de tomillo fresco
½ taza de cebada
¼ de taza de semillas de chía
6 tazas de caldo de setas (página 86) o envasado
2 cucharadas de salsa de soja
¼ de taza de crema de rábanos picantes (página 236)
¼ de taza de perejil picado fino, para decorar

Calienta el aceite de coco en una olla de fondo grueso a fuego medio.

Agrega la cebolla, la zanahoria y el apio y cocínalos hasta que estén ligeramente tiernos, durante unos 3-4 minutos. Incorpora las setas, el ajo y el tomillo y sigue cocinándolo todo 3-4 minutos más, removiéndolo a menudo. Añade la cebada, la chía, el caldo de setas y la salsa de soja. Lleva la mezcla a ebullición con el fuego al máximo y luego redúcelo a fuego lento y tapa la olla. Hierve el contenido durante 25-30 minutos, o hasta que la cebada esté tierna. Corrige los condimentos a tu gusto y sirve la sopa caliente, tras rociarle por encima la crema de rábanos picantes y el perejil fresco.

EXTRA DE SUPERALIMENTOS: añade 1 cucharada sopera de superalimento de setas en polvo, como *reishi*, *cordyceps* o chaga, en el momento en que añadas el caldo de setas.

CHILE DE COLIFLOR Y CHÍA

Este chile bajo en calorías consigue un sabor maravillosamente profundo gracias a un ingrediente secreto: el cacao.

PARA 12 TAZAS / 6 RACIONES

⅓ de taza de semillas de chía
1 lata de 800 g de tomates picados
1 cucharada sopera de chipotle en polvo
2 tazas de agua
½ coliflor (unos 225 g)
3 cucharadas soperas de aceite de coco
1 cebolla amarilla picada fina
1 pimiento morrón verde picado fino
2 zanahorias en rodajas finas
4 dientes de ajo picados
1 cucharada de chile en polvo
1 cucharada de comino molido
1 cucharada de orégano seco
2 cucharadas de cacao en polvo
1 cucharada de salsa de soja
2 tazas de granos de maíz congelados, listos para usar
1½ tazas de alubias cocidas (página 26) o 1 lata de 425 g
1½ tazas de garbanzos cocidos (página 26) o 1 lata de 425 g,
Sal marina
½ taza de crema agria de anacardos (página 244) o tu nata agria preferida
Hojas de cilantro, para aderezar
Cebollinos picados, para aderezar

Pon las semillas de chía, los tomates con su jugo, el chipotle y el agua en un tazón mediano. Mézclalo todo bien y resérvalo.

Pica la coliflor en cogollos y ponla en una batidora. Pulsa varias veces, para triturar la coliflor en pedacitos del tamaño del arroz, sin llegar a hacerla puré.

Calienta el aceite de coco en una olla de fondo grueso a fuego medio. Agrega la cebolla, el pimiento, las zanahorias y el ajo. Cocínalos durante 5 minutos, removiéndolos de vez en cuando. Añade la coliflor y el chile en polvo, junto con el comino, el orégano, el cacao en polvo y la salsa de soja. Cocínalo durante 3 minutos más, sin dejar de removerlo. Viértelo sobre la mezcla de tomate y chía y añade el maíz, las alubias, los garbanzos y ½ cucharadita de sal marina. Llévalo a ebullición con el fuego alto y luego baja el fuego para que hierva suavemente. Cocínalo durante 45-60 minutos, removiéndolo de vez en cuando, hasta que las verduras estén blandas pero conserven un poco de textura. Retíralo del fuego y corrige el condimento a tu gusto. Sírvelo con una cantidad generosa de crema agria, cilantro y cebollinos.

ESTOFADO DE LENTEJAS ROJAS Y COCO

Cuando las cocinas a fondo, las lentejas se funden en una base cremosa y aromática que es el complemento perfecto para las distintas texturas de las semillas de chía, los garbanzos y las espinacas.

PARA 8 TAZAS / 4 RACIONES

3 cucharadas de aceite de coco
1 cebolla amarilla mediana picada fina
6 dientes de ajo picados
2 cucharadas soperas de raíz de jengibre fresco rallado
1 cucharadita de semillas de comino
2 cucharaditas de *garam masala*
1 cucharadita de cúrcuma
1 taza de lentejas rojas
3 cucharadas de chía
4 tazas de caldo vegetal casero (página 84) o envasado
1 taza de agua
Sal marina y pimienta negra molida
375 g de leche de coco
1½ tazas de garbanzos cocidos (página 26) o 1 lata de 425 g
2 tazas de espinacas *baby*
3 cucharadas de zumo de limón recién exprimido
½ taza de yogur de coco sin azúcar (u otro yogur de leche vegetal sin azucarar)
½ cucharadita de zumaque en polvo, para aderezar
2 cucharadas de hojas de cilantro para aderezar (opcional)

Calienta el aceite en una olla grande a fuego medio. Añade la cebolla y saltéala durante 5 minutos, removiendo ocasionalmente. Agrega el ajo, el jengibre, las semillas de comino, el *garam masala* y la cúrcuma y cocínalo todo 1 minuto más, removiendo constantemente para que las especias no se quemen. Incorpora las lentejas y las semillas de chía, remuévelo para mezclarlo bien con el aceite y añade el caldo vegetal y el agua. Sazónalo con ¼ de cucharadita de sal marina y ¼ de cucharadita de pimienta negra molida. Sube el fuego y haz hervir la mezcla; a continuación cocínalo a fuego lento durante 25-30 minutos, o hasta que la mezcla esté bastante espesa y las lentejas casi se hayan deshecho en el caldo, removiendo de vez en cuando. Añade la leche de coco, los garbanzos y las espinacas. Vuelve a poner a hervir la sopa a fuego medio-bajo hasta que todos los ingredientes estén bien calientes y las espinacas cocidas. Retira el estofado del fuego y añade 2 cucharadas de zumo de limón. Pruébalo y corrige el condimento a tu gusto. Mantenlo caliente.

Mezcla el yogur con 1 cucharada de zumo de limón, más ¼ de cucharada de sal. Sirve el estofado y aderézalo con el yogur, el zumaque y las hojas de cilantro.

EXTRA DE SUPERALIMENTOS: añade 2 cucharadas de bayas de goji después del agua.

CHILE CON NUECES

Aquí está este riquísimo chile con nueces. Las nueces molidas y las semillas de cáñamo le dan una increíble textura a este suculento plato.

PARA 10 TAZAS / 8 RACIONES

2 tazas de nueces picadas
2 tazas de setas crimini picadas
1 lata de 800 g de tomates
picados sin sal
1 chile en salsa de adobo,
y 3 cucharadas soperas de la
salsa aparte*
6 cucharadas soperas de bayas
de goji secas
2 cucharadas soperas de pasta
amarilla de miso
2 cucharadas soperas de salsa
de tomate
1 cucharada sopera de orégano
seco
1 cucharada sopera de comino
molido
4 cucharadas soperas de chile
en polvo
1 cucharadita de canela molida
3 cucharadas soperas de aceite
de oliva
2 cebollas grandes picadas
1 pimiento morrón verde picado
4 dientes de ajo picados
¼ de taza de semillas de
cáñamo
1 taza de vino tinto
1 taza de agua
1½ tazas de alubias negras
cocidas (página 26) o 1 lata
de 425 g
1½ tazas de judías de riñón
cocidas (página 26) o 1 lata
de 425 g
1 cucharada sopera de jarabe
de arce
Sal marina
Crema agria de anacardos
(página 244)
Gajos de lima para exprimir

---

* Puedes encontrar estos ingredientes enlatados a buen precio en la sección de comida mexicana del supermercado.

Puedes picar las nueces en trocitos pequeños en un robot de cocina, pulsando el botón solo un momento. Deben quedar del tamaño de arenilla o de carne picada (asegúrate de no picarlas tanto que queden como harina fina). Resérvalas en un bol. Añade las setas al robot, pícalas también y añádelas al bol de las nueces.

Pon los tomates en el robot de cocina junto con el chile y la salsa de adobo, las bayas de goji, la pasta amarilla de miso, la salsa de tomate, el orégano, el comino, el chile en polvo y la canela. Procésalo solo un momento hasta convertirlo en una mezcla de trocitos, parando el robot de vez en cuando y recogiendo la mezcla que quede en las paredes del vaso.

Calienta el aceite en una cacerola grande de fondo grueso a fuego medio. Añade las cebollas y el pimiento verde y saltéalos durante 5 minutos. Mezcla el ajo, las semillas de cáñamo y la mezcla de nueces y setas y cocínalo todo durante 2 minutos, removiendo constantemente. Agrega la mezcla del tomate y cocínalo ligeramente, durante 4-5 minutos, removiendo a menudo para evitar que se queme. Añade el vino tinto, el agua, las alubias negras, las alubias de riñón y el jarabe de arce. Vuelve a hervir la mezcla, y luego baja el fuego. Tápalo, dejando una ranura, y hiérvelo durante 1 hora, removiendo de vez en cuando. Deja que el chile se enfríe durante un par de minutos, pruébalo y corrige el condimento si hace falta. Sírvelo caliente, con un poco de crema agria de anacardos por encima y un chorrito de lima.

ESTOFADO DE *MINESTRONE* AFRICANO

Esta receta interpreta de forma libre el estilo culinario de África occidental. Aun así, creo que mantiene la característica principal de esa cocina: es deliciosa.

PARA UNAS 9 TAZAS / 4-6 RACIONES

1 cucharada de aceite de coco
1 cebolla picada fina
1 tallo de apio picado fino
1 zanahoria cortada fina
2 dientes de ajo picados
1 cucharada de tomillo fresco picado
¼ de taza de salsa de tomate
1 lata de 410 g de tomates asados, cortados en dados
8 tazas de agua
4 tazas de caldo de miso casero (página 87) o envasado
1 taza de alubias de careta
¼ de cucharadita de cayena
½ cucharadita de pimienta de Jamaica molida
Sal marina y pimienta negra molida
225 g de judías verdes, limpias y cortadas en trozos de 2,5 cm
450 g de boniatos pelados y cortados en trozos de 1,5 cm
¼ de taza de mantequilla de almendras
⅓ de taza de zumo de piña
4 tazas de espinacas *baby*
¼ de taza de cilantro picado y algo más para adornar
¼ de taza de racimos de semillas caramelizadas (página 245) o almendras laminadas, para aderezar

Calienta el aceite en una olla grande de fondo grueso a fuego medio. Añade la cebolla, el apio y la zanahoria y cocínalos hasta que estén tiernos y dorados, unos 10 minutos. Agrega el ajo y el tomillo y rehógalos 1 minuto más. Incorpora la salsa de tomate y cocínala hasta que comience a oscurecerse, unos 2 minutos. Añade los tomates en conserva, el agua, el miso, el caldo de miso, las alubias de careta, la cayena y la pimienta Jamaica y condiméntalo con ¼ de cucharadita de sal marina y 1 cucharadita de pimienta negra molida.

A fuego alto, lleva la mezcla a ebullición, reduce el calor a medio-bajo y cocínalo todo durante 15 minutos. Añade las judías verdes y los boniatos y hiérvelo a fuego lento durante 45 minutos, sin tapar, o hasta que las alubias estén tiernas.

Incorpora la mantequilla de almendras y el zumo de piña y remueve la mezcla en la sopa, junto con las espinacas y el cilantro. Cocínalo durante 5 minutos y retira la olla del fuego. Corrige los condimentos a tu gusto. Deja reposar el guiso 5-10 minutos antes de servirlo caliente, adornado con los racimos de semillas caramelizadas y un poco de cilantro.

SOPA DE ALUBIAS NEGRAS CON CACAO

El secreto de esta sopa estofada es la fusión entre lo rústico y lo exótico gracias a la combinación de sabores dulce, ahumado, picante y ácido, con un sutil matiz terroso. Esta receta, inspirada en el mole, la clásica salsa salada mexicana con chocolate (y otros muchos ingredientes), se sitúa en el medio de la escala de sopas picantes, pero si el picante es lo tuyo, adelante, añade un chile más.

PARA 6 TAZAS / 4 RACIONES

2 cucharadas soperas de aceite de oliva
1 cebolla blanca picada fina
1 tallo de apio picado fino
1 zanahoria, finamente picada
2 dientes de ajo grandes picados
3 tazas de alubias negras cocidas (página 26) o 2 latas de 425 g
6 tazas de agua
2 cucharadas soperas de pasta amarilla de miso
1 chile chipotle en salsa de adobo y 1 cucharada de la misma salsa*
2 ½ cucharadas soperas de cacao en polvo
2 dátiles *Medjool* deshuesados
1 cucharada sopera de mantequilla de almendras
½ cucharadita de orégano seco
1 cucharadita de comino molido
¼ de cucharadita de pimienta de Jamaica
½ cucharadita de pimienta negra
¼ de taza de zumo de lima recién exprimido (unas 2 limas)
Sal marina
¼ de taza de crema agria de anacardos casera (página 244) o envasada
¼ de taza de cilantro fresco

Calienta el aceite en una olla a fuego medio. Añade la cebolla, el apio, la zanahoria y el ajo. Cocínalos durante 10 minutos, removiendo de vez en cuando para dorar ligeramente las hortalizas. Agrega las alubias negras y el agua y remueve para mezclarlo. Vierte 1 ½ tazas de sopa (el líquido, las alubias y las hortalizas) en una batidora. Añade la pasta de miso, el chile chipotle y la salsa, el cacao en polvo, los dátiles, la mantequilla de almendras, el orégano, los cominos, la pimienta de Jamaica y la pimienta negra. Tritura la mezcla hasta que quede fina y viértela de nuevo en la sopa. Sube el fuego a un nivel alto y lleva la sopa a ebullición. Reduce el calor a medio-bajo y cocínala a fuego lento durante 30 minutos, sin taparla, removiendo de vez en cuando.

Una vez que esté cocinada, comprueba la consistencia (distintos lotes de alubias pueden producir resultados ligeramente diferentes). Si la sopa está demasiado diluida, cocínala a fuego lento durante otros 10-15 minutos hasta que se espese. Retírala del fuego y agrega el zumo de lima. Pruébala y condimenta si es necesario. Sírvela con la crema agria de anacardos y el cilantro picado.

ESTOFADO DE LENTEJAS NEGRAS CON SETAS *PORTOBELLO* Y PURÉ DE APIO NABO

Por alguna razón este estofado me parece deliciosamente gótico, tal vez por su paleta de colores oscuros y sus notas amaderadas. Quizás no sea coincidencia que lo creara al volver a casa después de una excursión por las montañas, con un hambre voraz y deseando una sopa reconfortante y sustanciosa.

PARA 6 TAZAS / 4 RACIONES

* 5 hojas grandes de acelga
* 2 cucharadas de aceite de coco
* ½ cebolla roja picada
* 3 dientes de ajo picados
* 1 taza de vino tinto afrutado, estilo Merlot
* 2 champiñones *portobello* grandes cortados en dados de 1,5 cm
* ¾ de taza de lentejas negras secas
* ¼ de taza de bayas secas de goji
* 1 ramita pequeña de romero fresco
* 4 tazas de caldo de setas casero (página 86) o envasado
* ½ taza de agua
* 1 cucharada de vinagre de vino tinto
* Sal marina y pimienta negra molida
* 225 g de apio nabo pelado y cortado en dados de 1,25 cm (unas 2 tazas)
* ⅓ de taza de nueces
* Hojas de achicoria roja partidas con las manos, para adornar (opcional)

Separa las hojas de la acelga de los tallos. Corta las hojas finas (en chifonada) y resérvalas. Pica finos los tallos de la acelga.

Calienta 1 cucharada sopera de aceite de coco en una olla de fondo grueso a fuego medio. Añade los tallos de acelga, la cebolla y el ajo y saltéalo durante 5 minutos. Agrega el vino tinto y las setas y déjalo al fuego durante 5 minutos más. Incorpora las lentejas, las bayas de goji, el romero, el caldo de setas y el agua, tápalo parcialmente y reduce el calor a fuego medio-bajo. Deja que se cocine durante 30 minutos.

A continuación retira la tapa del estofado y añade las hojas de acelga. Cocínalo 5 minutos más, retíralo del calor y añade el vinagre de vino tinto. Tapa la olla y deja que repose al menos 20 minutos antes de servirlo, para dejar que las acelgas se ablanden y que los sabores se mezclen más (el estofado sabe mejor cuanto más reposa). Condiméntalo a tu gusto con sal y pimienta y añade agua adicional si lo quieres más diluido.

Prepara el puré mientras el estofado está reposando. Coloca el apio en una cacerola pequeña y cúbrela con unos 5 cm de agua. Reserva ½ taza del agua de cocción y cuela el líquido restante. Pon el apio en la batidora y añade el agua de cocción que guardaste, las nueces y la cucharada sopera de aceite de coco restante, junto con 1 cucharadita de sal. Tritura la mezcla hasta conseguir una textura fina y resérvala.

Recalienta el estofado a fuego bajo, procurando que no se queme. Para servirlo, repártelo en boles, añade encima el puré de apio y adórnalo con un par de hojas de achicoria roja.

EXTRA DE SUPERALIMENTOS: agrega 1 cucharada sopera de tu seta favorita en versión superalimento, en polvo, cuando añadas el caldo al estofado (consulta la página 33 para información sobre las setas en polvo).

ESTOFADO DE *TEMPEH* Y TOMATE

El *tempeh* desmenuzado tiene una textura crocante que complementa a la perfección la textura aromática y jugosa de los tomates. Basta solo una parte de la mezcla para crear una base cremosa sin tener que añadir ningún tipo de aceite o nata.

PARA 6 TAZAS / 4 RACIONES

1 cucharada de aceite de oliva
½ cebolla dulce de tamaño grande picada fina
3 dientes de ajo picados
1 bulbo pequeño de hinojo picado fino (aproximadamente 1 taza)
225 g de *tempeh* desmenuzado en trozos pequeños
1 cucharada sopera de hojas de tomillo fresco
½ cucharadita de semillas de hinojo
2 cucharaditas de *dulse* en copos
1 lata de 400 g de tomates picados, con su líquido
2 cucharadas soperas de salsa de tomate
4 tazas de caldo vegetal casero (página 84) o envasado
½ taza de leche de almendras sin azúcar
Sal marina y pimienta negra molida
¼ de taza de albahaca fresca picada fina
½ taza de picatostes germinados (página 249) para aderezar (opcional)

Calienta el aceite de oliva en una olla de fondo grueso a fuego medio. Añade la cebolla, el ajo y el hinojo y saltéalos hasta que estén traslúcidos, unos 5 minutos. Agrega el *tempeh*, el tomillo y las semillas de hinojo y remueve. Cocínalos 3-4 minutos, removiendo a menudo, hasta que las hortalizas se ablanden.

Incorpora el *dulse*, los tomates en conserva y la salsa de tomate y mezcla bien. Añade el caldo vegetal. Llévalo a ebullición a fuego alto y a continuación redúcelo a medio-bajo y cuece durante 40 minutos.

Aparta del fuego, pon una taza del estofado en la batidora y bátelo hasta que quede suave. Devuélvelo a la olla, agrega la leche de almendras y condiméntalo. Antes de servir, ponle por encima la albahaca y los picatostes.

ESTOFADO DE *HARIRA* MARROQUÍ

La *harira* es la sopa más famosa en Marruecos. Aunque suele prepararse con cordero, las tentadoras especias y las legumbres cargadas de proteínas no necesitan nada más, como prueba esta versión de la receta de gusto exótico y excepcionalmente saciante. Tal vez algunos de los ingredientes parezcan extraños para un estofado (como los higos y la canela), pero te sorprenderá qué bien combinan al final estos sabores. Con una pequeña guarnición de ensalada, este estofado es una estupenda comida.

PARA 10 TAZAS / 6 RACIONES

1 cucharada de aceite de oliva
1 cebolla grande picada fina
4 tallos de apio picados finos
4 dientes de ajo picados
1 cucharadita de canela molida
1 cucharadita de cúrcuma en polvo
1 cucharadita de raíz de jengibre picada
½ taza de perejil fresco picado
½ taza de cilantro fresco picado, y un poco más para decorar
1 lata de 800 ml de tomate sin sal en dado
12 aceitunas verdes deshuesadas picadas
12 higos secos turcos picados finos
1½ tazas de garbanzos cocidos (página 26) o envasados, escurridos
1 taza de lentejas negras
7 tazas de caldo vegetal casero (página 84) o envasado
Sal marina y pimienta negra molida
2 cucharadas de zumo de limón recién exprimido

Calienta el aceite en una olla a fuego medio. Añade la cebolla y el apio y saltéalos durante 7-8 minutos, o hasta que se ablanden, sin llegar a dorarse. Agrega el ajo, la canela y la cúrcuma y cocínalos 1 minuto, sin dejar de removerlos. Incorpora el jengibre, el perejil y el cilantro y continúa removiéndolo durante 30 segundos más. Añade los tomates, las aceitunas, los higos, los garbanzos, las lentejas, el caldo vegetal, ½ cucharadita de sal y ½ cucharadita de pimienta negra molida. Sube el fuego y lleva la mezcla a ebullición. Tapa la olla parcialmente, y reduce el fuego a medio-bajo. Cocina durante 30-35 minutos, o hasta que las lentejas estén muy tiernas. Retira la olla del fuego, échale el zumo de limón y corrige la sal a tu gusto. Sirve el guiso caliente, con un par de hojas de cilantro como decoración.

EXTRA DE SUPERALIMENTOS: para un estofado con un extra de antioxidantes, caroteno y licopeno, mezcla ¼ de taza de bayas de goji con ¼ de taza extra de caldo vegetal cuando añadas las lentejas.

ESTOFADO DE QUINOA PERUANA

Hace mucho mucho tiempo (tanto que casi me da vergüenza), antes de que llegara a ser conocida entre los defensores de la alimentación sana en los países occidentales, la quinoa vivió una historia interesante en las cocinas de Sudamérica y Centroamérica. Es apreciada como un ingrediente económico y muy nutritivo, además de una proteína respetuosa con el medio ambiente. Una de las recetas más famosas con este ingrediente es la sopa de quinoa, uno de esos platos que varían entre regiones (y entre cocinas), pero que suele llevar una base espesa de quinoa, patatas, tubérculos, calabaza y cualquier otro vegetal que tengas a mano.

PARA 6 TAZAS / 4 RACIONES

1 cucharada de aceite de coco
½ cebolla blanca grande
cortada fina
1 zanahoria mediana
en rodajas finas
1 tallo de apio picado fino
3 dientes de ajo picados
350 g de patatas *baby* rojas,
púrpura o amarillas cortadas
en dados de 1,5 cm
½ taza de quinoa
½ cucharadita de orégano seco
½ cucharadita de tomillo seco
¼ de cucharadita de cúrcuma
molida
½ cucharadita de pimienta
negra molida
225 g de calabaza pelada
y en dados de 1,5 cm
(aproximadamente 2 tazas)
4 tazas de caldo vegetal casero
(página 84) o envasado
Sal marina
1 aguacate troceado
¼ de taza de cilantro fresco
picado

Calienta el aceite en una olla de fondo grueso a fuego medio. Añade la cebolla, la zanahoria, el apio y el ajo, y cocínalos durante 5 minutos, removiendo la mezcla de vez en cuando. Agrega las patatas y remuévelas sin parar durante 2-3 minutos más. Incorpora la quinoa, el orégano, el tomillo, la cúrcuma y la pimienta negra molida, y a continuación la calabaza y el caldo vegetal. Si es caldo sin sal (o bajo en sodio), añade un par de pellizcos de sal. Si ya la lleva, espera hasta el final de la cocción para condimentarlo al gusto. Sube a fuego alto y lleva la mezcla a ebullición. Luego tapa la olla, reduce el fuego y cocina a fuego lento durante 20 minutos. Destapa la olla y deja hervir a fuego lento la mezcla durante 5 minutos más, mientras usas una cuchara para machacar un poco la calabaza, lo que hará el caldo más espeso, del estilo de un estofado. Retira la olla del fuego, tápalo otra vez y déjalo reposar durante 10 minutos para que los sabores se fusionen por completo. Pruébalo y añade más sal si hace falta, además de un poco de agua si prefieres un caldo más diluido. Sírvelo adornado con el aguacate troceado y el cilantro.

EXTRA DE SUPERALIMENTOS: en el último par de minutos de cocción, añade a la olla 2 tazas de verduras de hoja verde, picadas (como kale o acelgas).

SOPA DE LENTEJAS NEGRAS Y RÚCULA

Uno de mis trucos para preparar unas lentejas supersabrosas es hervirlas en un caldo de setas en lugar de en agua, lo que les da a las lentejas un sabor irresistible parecido al de la carne, y con matices terrosos . En esta receta, uso la misma técnica con un gran resultado, y con el delicioso sabor del apio nabo, la sopa adquiere ricos matices de apio y patata. Para conseguir la textura ideal, procura cortar las verduras en dados pequeños y de igual tamaño.

PARA 6 TAZAS / 4 RACIONES

2 cucharadas de aceite de oliva
1 cebolla amarilla en dados pequeños
1 zanahoria cortada en dados de ½ cm
1½ tazas de apio nabo pelado y cortado en dados de ½ cm
2 dientes de ajo picados
Sal marina y pimienta negra molida
1 taza de lentejas negras
1 hoja de laurel
8 tazas de caldo de setas casero (página 86) o envasado
2 cucharadas de zumo de limón
3 tazas de rúcula
¼ de taza de perejil picado

Calienta el aceite de oliva a fuego medio en una olla de fondo grueso. Agrega la cebolla y la zanahoria y cocínalas hasta que estén ligeramente tiernas, durante 3-4 minutos. Incorpora el apio nabo, el ajo y una pizca de sal y cocínalo todo durante 3-4 minutos más, o hasta que el apio nabo comience a tomar un color dorado. Añade las lentejas, el laurel y el caldo de setas. Llévalo a ebullición a fuego alto, después reduce el fuego y cocínalo durante 20-25 minutos, o hasta que las lentejas estén tiernas. Retíralo del fuego y añade el zumo de limón y la rúcula. Retira la hoja de laurel, pruébalo y corrige los condimentos a tu gusto. Sírvelo caliente, con el perejil picado esparcido por encima.

IDEA FELIZ: las lentejas negras contienen antioxidantes, saludables para el corazón, además de fibra, hierro y una cantidad enorme de proteínas. Es increíble, pero las 6 tazas de esta receta contienen más proteínas que ocho huevos.

ESTOFADO DE *RATATOUILLE* Y QUINOA

Alice Waters, la reina de todas las cosas naturales y maravillosamente simples, ha inventado un método para preparar la *ratatouille* reduciendo el número de pasos para aminorar la notable dificultad de esta receta clásica. En mi versión sigo los mismos pasos, para conseguir aunar armónicamente la jugosidad de las verduras de clima cálido, junto con la suavidad de las bayas de goji y la deliciosa quinoa. Este estofado está más sabroso cuanto más reposa; si puedes hacer acopio de un poco de paciencia, prepáralo 1 o 2 horas antes de servir.

PARA UNAS 6 TAZAS / 4 RACIONES

½ berenjena grande cortada en dados de 0,5 cm
Sal marina y pimienta negra
2 cucharadas soperas de aceite de oliva, y un poco más para aderezar
1 cebolla amarilla mediana picada fina
3 dientes de ajo picados
1 pimiento morrón rojo mediano, cortado en dados de 1,5 cm
1 calabacín pequeño cortado en dados de 1,5 cm
1 calabaza amarilla pequeña, cortada en dados de 1,5 cm
2 tomates medianos cortados en dados de 1,5 cm
3 cucharadas secas de bayas de goji
½ taza de albahaca fresca picada, y un poco más para adornar
3 tazas de caldo de miso casero (página 87) o envasado
1 taza de quinoa cocida
1 cucharada de vinagre de vino tinto

Coloca la berenjena en un bol y mézclala con ½ cucharadita de sal marina. Déjalo aparte durante 30 minutos. Retira la berenjena del bol y sécala para eliminar el exceso de humedad.

En una olla de fondo grueso, calienta 1 cucharada de aceite de oliva a fuego moderado. Añade la berenjena y cocínala durante 7 minutos, removiéndola a menudo para ablandarla. Ponla en un recipiente.

En la misma olla a fuego moderado, pon la cucharada restante de aceite de oliva. Agrega la cebolla, sazona con ¼ de cucharadita de sal marina y un poco de pimienta negra molida y saltéala hasta que la cebolla esté blanda y transparente, unos 5 minutos. Incorpora el ajo y saltéalo durante 1 minuto más. Agrega el pimiento y rehógalo 3-4 minutos. Añade el calabacín y la calabaza amarilla y cocina 3-4 minutos más. Añade los tomates y cocínalos durante 10 minutos, hasta que se deshagan, removiéndolos a menudo. Mezcla las bayas de goji y la albahaca y sigue cocinando y removiendo durante 1 minuto. Agrega el caldo de miso, la quinoa cocida y la berenjena reservada. Lleva la mezcla a ebullición a fuego lento y déjala cocer durante 10 minutos. Retira la olla del fuego, échale el vinagre de vino tinto y corrige el punto de sal si lo deseas. Sirve el estofado, caliente o frío, con un poco de aceite de oliva y albahaca fresca picada.

BORSCHT DE ALUBIAS ROJAS

Las alubias rojas son perfectas para preparar esta sustanciosa sopa típica del centro y el este de Europa. Añadiendo una cantidad generosa de *dulse*, le aportarás un sabor salado y minerales extra. Es verdad que no hace falta que el aderezo sea la crema de rábano picante (por ejemplo, el yogur de coco sin azúcar puede servir), pero no te saltes el eneldo, ya que mejora y equilibra el profundo sabor a raíz de las remolachas.

PARA 8 TAZAS / 4 RACIONES

1 cucharada sopera de aceite de coco

1 cebolla amarilla dulce de tamaño mediano, cortada fina

2 zanahorias pequeñas cortadas en rodajas finas

1 cucharada sopera de salsa de tomate

½ apio nabo mediano, pelado y cortado en dados de 0,5 cm (aproximadamente 1 taza)

1 patata grande *Yukon Gold* pelada y en dados de ½ cm (aproximadamente 2 tazas)

425 g de remolacha pelada y cortada en dados de 0,5 cm

2 cucharadas de *dulse* en copos

3 tazas de caldo vegetal casero (página 84) o envasado

3 tazas de agua

Sal marina y pimienta negra molida

2 tazas de alubias rojas cocidas (página 26) o 1 lata de 425 g

1 manzana verde grande, pelada y rallada

2 cucharadas de vinagre de vino tinto o al gusto

½ taza de crema de rábanos picantes (página 236)

¼ de taza de eneldo fresco picado

Calienta el aceite en una olla grande de fondo grueso a fuego medio. Añade la cebolla y las zanahorias y remuévelas a menudo hasta que se ablanden, unos 8-10 minutos. Agrega la salsa de tomate y cocínala durante 1 minuto más, sin dejar de removerla. Incorpora el apio, la patata, la remolacha, el *dulse*, el caldo vegetal, el agua, ¼ de cucharadita de sal marina y ¼ de cucharadita de pimienta negra molida. Lleva la mezcla a ebullición y baja a fuego lento. Tapa la olla y cocínala durante 20 minutos. Añade las alubias y la manzana y sigue cocinando con la tapa durante 10 minutos más, o hasta que las verduras estén tiernas (ponle agua si es necesario). Retira la olla del fuego y agrega el vinagre. Prueba el estofado y corrige el condimento a tu gusto. Sirve el *borscht* caliente, cubierto con una crema de rábanos picantes y con eneldo fresco espolvoreado por encima.

JAMBALAYA DE ALUBIAS DE CARETA

Como la mayoría de familias, la mía tiene sus tradiciones particulares. Una de ellas es preparar jambalaya con papá en Año Nuevo. Ninguno de nosotros se acuerda de cómo empezó esta tradición, pero no perdemos la oportunidad de disfrutar juntos de este sabroso plato que está entre nuestros favoritos, y que parece mejorar cada año que pasa.

PARA 12 TAZAS / 10 RACIONES

2 cucharadas de aceite de coco
½ cebolla amarilla picada fina
2 tallos de apio picado fino
1 pimiento morrón verde, sin semillas y en dados de 1,5 cm
4 dientes de ajo picados
450 g de *tempeh* cortado en dados de 1,5 cm
2 tazas de tomates picados con sus semillas
¼ de taza de perejil fresco picado, y un poco más para aderezar
1 cucharada sopera de tomillo fresco picado
Sal marina y pimienta negra molida
450 g de alubias de careta
1 taza de sorgo
4 hojas de laurel
3 cucharadas de *dulse* en copos
1 cucharada de pimentón molido
1 cucharadita de orégano seco
¼ de cucharadita de cayena
10 tazas de caldo de miso casero (página 87) o envasado
¼ de cucharadita de humo líquido
½ taza de cebolletas, las partes blanca y verde clara picadas, y un poco más para adornar
¼ de taza de perejil fresco

Calienta el aceite de coco en una olla de fondo grueso a fuego medio. Agrega la cebolla, el apio, el pimiento y el ajo y rehógalos 5 minutos para que se ablanden. Agrega el *tempeh* y cocínalo durante 5-6 minutos más, hasta que empiece a dorarse. Incorpora los tomates, el perejil, el tomillo y ¼ de cucharadita de sal y cocínalos 5-6 minutos más. Añade las alubias, el sorgo, el laurel, el *dulse*, el pimentón, el orégano, la cayena y 1 cucharadita de pimienta negra molida. Vierte el humo líquido en el caldo y remuévelo. Sube el fuego y hazlo hervir. Luego tapa la olla, reduce el fuego y cocina la sopa a fuego lento durante 1 hora.

Añade las cebolletas. Hiérvelo (sin tapa) a fuego lento durante 15 minutos. Retira la olla del fuego y deja que la *jambalaya* repose un mínimo de 15 minutos más. Pruébala, y ajusta el condimento a tu gusto. Para servirla, retira las hojas de laurel y reparte la *jambalaya* en cuencos individuales, cubriendo cada uno con trozos de cebolleta y perejil a tu gusto.

Variación: *agrega un par de chorritos de tu salsa picante favorita para disfrutar de más sabor.*

SOPA DE KALE CON CALABAZA DE INVIERNO Y ALUBIAS BLANCAS

En esta receta puedes usar cualquier variedad de calabaza de invierno, desde la calabaza cacahuete (o *butternut*) hasta la variedad japonesa *kabocha*. Mi favorita en este momento es la calabaza *Hubbard* azul, que es tan buena que he jurado plantarla en mi jardín el año que viene. Esta gran sopa para las noches de entre semana se prepara en menos de media hora, y está llena de proteínas, fibra y minerales, una comida sencilla y equilibrada.

PARA 8 TAZAS / 4 RACIONES

1 cucharada sopera de aceite de oliva

1 cebolla grande, picada fina

4 dientes de ajo picados

1 cucharadita de romero fresco picado

450 g de calabaza de invierno, como las variedades *Hubbard* o *kabocha*, pelada y en dados de 1,5 cm

4 tazas de alubias *cannellini* cocidas (página 26) o 2 latas de 425 g

4 tazas de caldo de miso casero (página 87) o envasado

Sal marina y pimienta negra molida

2 cucharaditas de vinagre de vino blanco

5 tazas (llenas) de kale *baby*

3 cucharadas de salsa de soja

⅓ de taza de semillas de cáñamo

¼ de taza de microverdes para servir (opcional)

Calienta el aceite en una olla grande de fondo grueso a fuego medio. Agrega la cebolla y rehógala hasta que esté transparente, unos 5 minutos. Añade el ajo y el romero y cocínalos durante 1 minuto más. Incorpora la calabaza de invierno, las alubias y el caldo de miso, junto con ½ cucharadita de sal marina y ½ cucharadita de pimienta negra molida. Con el fuego alto, haz hervir la mezcla, luego baja el fuego, tapa la olla y cocínalo todo a fuego lento durante 15 minutos, o hasta que la calabaza quede muy blanda.

Retira la olla del fuego y añade el vinagre, el kale *baby*, 1 cucharada sopera de salsa de soja y 2 cucharadas de semillas de cáñamo. Tapa la olla y déjala reposar durante 5 minutos. Corrige los condimentos a tu gusto. Reparte la sopa en boles individuales, añade la salsa de soja restante y espolvorea el resto de las semillas de cáñamo. Corónalos con un pequeño manojo de microverdes.

> **IDEAS FELICES:** las semillas de cáñamo son un alimento maravillosamente apetitoso, lleno de ácidos grasos omega-3 y vitamina E, dos nutrientes bien conocidos por favorecer un cabello brillante, unas uñas fuertes y una piel radiante.

POZOLE VERDE CON JUDÍAS PINTAS

Es difícil vivir en el sur de California y no verse seriamente influenciado (léase: ser adicto a) por la cocina mexicana. De ahí mi obsesión por el pozole, un popular estofado mexicano elaborado con maíz pozolero (granos de maíz inflado que saben como una tortilla recién hecha). Esta versión vegetariana y rica en proteínas es estupenda para los amantes de los platos «contundentes», con su fuerte sabor a maíz, su textura correosa y las generosas notas de pimienta, hierbas y lima. Puedes encontrar el maíz pozolero en casi todos los supermercados, junto a otros ingredientes de comida mexicana.

PARA 2 TAZAS / 4–6 RACIONES

1 cebolla blanca grande pelada cortada en cuartos
2 dientes de ajo con piel, aplastados
2 pimientos poblanos
1 pimiento jalapeño
2 tallos de apio, en cuartos
2 cucharadas de pasta amarilla de miso
1 taza de cilantro, y un poco más para aderezar
8 tazas de agua
1 cucharada de aceite de oliva
½ taza de amaranto
3 tazas de maíz pozolero cocido casero (o 1 lata de 800 ml)
1½ tazas de alubias pintas cocidas (página 26)
2 cucharaditas de orégano seco
Sal marina
¼ de taza de zumo de lima recién exprimido
¼ de taza de crema agria de anacardos casera (página 244) o envasada
1 aguacate grande, en dados
4 rábanos de cualquier variedad, cortados finamente

Calienta una olla de fondo grueso a fuego medio. Añade los cuartos de cebolla con el lado del corte hacia abajo junto con los ajos, los poblanos, el jalapeño y el apio. Rehógalos durante 10 minutos, hasta que se doren, removiendo cada pocos minutos (a los 5 minutos, saca los ajos y retírales la piel). Una vez dorados, pasa la cebolla, el apio y los ajos a una batidora. Cuando los pimientos estén lo bastante fríos para poder manejarlos, córtales el tallo, elimina las semillas y añádelos a la batidora. Incorpora la pasta de miso, ¾ de taza de cilantro y 4 tazas de agua. Mézclalo todo hasta obtener una textura suave.

En la misma olla, pon el aceite de oliva y caliéntalo a fuego medio. Agrega la mezcla de la batidora y cocínala durante 5 minutos, removiendo. Añade el amaranto, el maíz, las alubias pintas, el orégano, ½ cucharadita de sal y las 4 tazas de agua restantes. Llévalo a un hervor a fuego alto y luego reduce el fuego a medio o cocina durante 20 minutos.

Retira la olla del fuego y agrégale el zumo de lima y el ¼ de taza de cilantro restante. Deja que repose 5 minutos y ajusta los condimentos. Para servir, divídelo en boles y ponle por encima crema agria de anacardos, los dados de aguacate, las rodajas de rábano y unas hojas de cilantro.

EL ESTOFADO DE SUPERALIMENTOS DE MI PERRITO *FRITZ*

Mi pastor alemán de 90 kilos, *Fritz*, no es de los que dejan pasar una comida. Pero después de un tratamiento dental intensivo, el veterinario le prescribió comidas blandas durante unos días. Este estofado fue la solución para ayudarlo a curarse rápido y a recuperar su energía. Tiene una gran cantidad de proteínas fortalecedoras y ácidos grasos antiinflamatorios, una combinación de la que *Fritz* se enamoró tan profundamente que todavía la añado a su comida seca de vez en cuando. Es un estofado tremendamente fácil de preparar y te permite usar distintos ingredientes. Además, siempre me hace sentir bien que *Fritz* tome comida de verdad y buena.

Nota: la ración puede variar según cómo sea tu colega de cuatro patas. Si tiene mucho apetito, añádele a la mezcla una cucharada de mantequilla de cacahuete sin sal ni azúcar.

PARA 8 TAZAS

1½ tazas de boniatos o zanahorias, cortados en dados de 2,5 cm

¾ de taza de arroz integral de grano largo

1 taza de lentejas (de cualquier variedad)

2 cucharadas de algas marinas en polvo o de otras algas secas

8 tazas de agua, y algo más por si es necesaria

1 taza de brócoli o de kale picado fino

⅓ de taza de semillas de cáñamo

2 cucharadas soperas de aceite de lino (opcional)

Otros superalimentos (página 57)

En una olla de fondo grueso, mezcla los boniatos o las zanahorias, el arroz, las lentejas, las algas en polvo y el agua. Hazlo hervir todo a fuego alto. Luego tapa la olla y baja el fuego. Hierve a fuego lento durante 45 minutos. Retira la tapa, agrega el brócoli y las semillas de cáñamo y cócinalo hasta que el brócoli esté tierno, unos 5-10 minutos más. Retira la olla del fuego y añade el aceite de lino, si lo deseas. Deja que el guiso se enfríe a temperatura ambiente antes de servirlo y agrega cualquier superalimento adicional a tu gusto, y más agua si es necesario. Puede servirse tal cual, con agua adicional y con otros alimentos. Se conserva hasta una semana en la nevera.

NUNCA DEBES DARLE A TU PERRO: *cacao, chocolate, uvas pasas, uvas, aguacate, cebollas, ajo, nueces, nueces de macadamia y sal y azúcar añadidos.*

SUPLEMENTO DE SUPERALIMENTOS

Puedes añadir muchos otros superalimentos al estofado de tu amigo canino, entre ellos:

- Setas medicinales, como un puñado de *shiitake* cortada, o 1 cucharada de *cordyceps*, para aumentar la energía (cocina las setas con la sopa).
- Un puñado de semillas de chía para la piel, las articulaciones y la salud de los huesos (añade la chía cuando el estofado se haya enfriado).
- Una pizca de espirulina para potenciar la inmunidad y que tu perro huela mejor (añádela cuando el estofado se haya enfriado).
- Una pizca de hierba de trigo para facilitar la digestión y la circulación de la sangre (agrégalo cuando el estofado se haya enfriado).
- Perejil fresco picado o kale para el buen aliento y la desintoxicación (añádelo cuando quieras).
- Un puñadito de bayas de goji, con beta-caroteno, que promueve la protección contra el cáncer (cocina las bayas con el estofado).

ADEREZOS PARA SOPAS

La presentación es importante, y no solo porque comemos con los ojos. Cuando añades aderezos especiales a las sopas, como mezclas de condimentos, cremas de frutos secos, conservas agridulces (chutneys), *semillas, etc., estás agregando nuevas capas de sabor y textura que mejoran las recetas y realzan su atractivo sensorial, para que puedas disfrutar tus sopas a un nivel más holístico. Para lograrlo, a continuación encontrarás varias opciones de aderezos para sopas (la mayoría de ellos contienen los beneficios adicionales de los superalimentos), desde las ardientes* harissas *(página 239-241) hasta las verdaderamente adictivas virutas de beicon de coco (página 242).*

✳ INCLUYE UN INGREDIENTE QUE ES UN SUPERALIMENTO

✳ BELLEZA ◉ HUESOS FUERTES ◣ LIMPIEZA Y DESINTOXICACIÓN

♥ CORAZÓN SANO ✺ SISTEMA INMUNOLÓGICO

◗ BAJO EN CALORÍAS ⬡ PROTEÍNAS

ADEREZOS SUPERSIMPLES

Los aderezos de las sopas pueden ser tan complejos o tan simples como quieras. Además de las tentadoras recetas de este capítulo, aquí te muestro algunos ingredientes sencillos que puedes utilizar para aumentar saludablemente el atractivo estético y el sabor de tus sopas:

- Avellanas picadas, pistachos y almendras.
- Semillas de cáñamo, de chía y de calabaza.
- Un chorrito de jarabe de yacón o de otro jarabe.
- Un chorrito de aceite, como aceite de oliva o de cáñamo, o aceites mezclados con hierbas o superalimentos en polvo.
- Leche de coco (enlatada) o una mezcla de crema de anacardos.
- Bayas y frutas secas semideshidratadas y semidulces como las bayas de goji y las uvillas.
- Brotes y microverdes.
- Hierbas frescas picadas, como el perejil, el cilantro y la albahaca.

- Cebolletas cortadas (cebolletas) y cebollinos.
- Una pellizco de especias en polvo, como la cúrcuma, el chile o la pimienta negra.
- Un pellizquito de un superalimento suave en polvo, como la seta chaga o el cacao.
- Productos vistosos, como un par de hojas de remolacha *baby*, rábanos picados o pimiento morrón picado.
- Pétalos de flores comestibles
- Cereales crujientes integrales y de bajo contenido en azúcar.
- Palomitas de maíz.
- Picatostes.

CÓMO PREPARAR NACHOS AL HORNO

¿Por qué comprarlos cuando puedes hornearlos?

- 6 tortillas de 15 cm
- 1 cucharada sopera de aceite sin sabor, como el de semillas de uva
- Sal marina al gusto

Precalienta el horno a 175 °C. Rocía dos bandejas de horno con aceite de cocina. Embadurna ligeramente con aceite los dos lados de las tortillas. Corta una de ellas en seis porciones. Colócalas en la bandeja, en una sola capa. Hornéalas durante 8-15 minutos, dándoles la vuelta durante la cocción, o hasta que estén crujientes y doradas. Los nachos se queman con facilidad, por lo que tienes que vigilarlos sobre todo al final del horneado (retira los que ya estén listos y vuelve a poner la bandeja en el horno). Cuando todos los nachos estén listos, retira la bandeja del horno y deja que se enfríen durante varios minutos (continuarán dorándose mientras se enfrían).

CREMA DE RÁBANOS PICANTES

No te dejes engañar por la simplicidad de esta receta: sin duda, añade alegría a las sopas. Pruébala con la sopa de remolacha tradicional, en sopas con base de patatas, y en la que llevan cereales y setas sustanciosas.

PARA UNOS ⅔ DE TAZA

⅓ de taza de anacardos crudos
⅓ de taza de agua filtrada
1 cucharada sopera de rábano picante
½ cucharadita de vinagre de sidra de manzana
1 cucharadita de camu camu en polvo

Mezcla en una batidora pequeña todos los ingredientes hasta que quede una crema con textura suave. Refrigera la mezcla hasta que esté lista para usar. Se conserva en la nevera durante 2 semanas.

CÓMO HACER *ZAATAR*

El *zaatar* es una mezcla de especias que se atribuye a la cultura culinaria de Oriente Próximo. No hay una única receta para prepararlo, pero generalmente se obtiene de una mezcla de semillas de sésamo tostadas, zumaque, hierbas secas o frescas (como tomillo, mejorana, menta y orégano), sal y otras especias (como cilantro y comino molido). El *zaatar* puede usarse para añadir por encima a cualquier tipo de sopa, y se conserva varias semanas a temperatura ambiente, o un par de meses en la nevera.

PARA ⅓ DE TAZA

- Una cucharada sopera de orégano seco
- 1 cucharada de tomillo seco
- 2 cucharadas de zumaque en polvo
- 1 cucharada de semillas de sésamo tostadas
- 1 cucharada de sal marina

Mezcla todos los ingredientes en un molinillo de especias y muélelos solo un momento para obtener un polvo grueso. Para que se conserve durante mayor tiempo, almacénalo en un recipiente hermético dentro de la nevera.

PESTO DE CHÍA

La textura voluminosa del gel de semillas de chía (las semillas que se dejan a remojo en líquido) es una forma fabulosa de rebajar calorías y aumentar la densidad de nutrientes del pesto, si lo comparas con la receta clásica. Además de estar espectacular con las sopas de calabaza y de cereales, también puedes usar esta salsa para todos los tipos de salsa especial y recetas de verduras al horno.

PARA 1 TAZA

1 cucharada de semillas de chía
6 cucharadas de agua
o caldo vegetal
1 taza colmada de hojas
de albahaca fresca
3 cucharadas soperas
de piñones
1 diente de ajo grande
en rodajas finas
¼ de taza de aceite de oliva
¼ de taza de levadura
nutricional
½ cucharadita de sal marina

En un tazón mediano, mezcla las semillas de chía y el agua o el caldo vegetal. Déjalo reposar durante 10 minutos para que las semillas de chía se hinchen, removiendo una o dos veces para disolver los grumos.

En un robot de cocina, mezcla la albahaca, los piñones, el ajo, el aceite, la levadura nutricional y la sal. Mézclalo todo hasta obtener una textura fina. Añade las semillas del tazón y mézclalo todo muy bien. Tápalo y métalo en la nevera hasta que lo vayas a usar. El pesto de chía se conserva hasta una semana en la nevera.

IDEA FELIZ: las semillas de chía son un alimento excepcional para la fuerza de los huesos. Contienen cinco o seis veces más calcio que la leche: una simple cucharada de chía te proporciona el catorce por ciento de tus necesidades diarias de calcio.

HARISSA VERDE

La *harissa* suele elaborarse con pimiento rojo (como la versión con superalimentos de la página 241), pero la *harissa* verde, que se prepara con numerosas especias frescas, se ha impuesto en los menús de los restaurantes en los últimos años. Puedes usar esta salsa de color verde vivo para animar cualquier tipo de sopa (es especialmente sabrosa en las recetas con tomate, raíces o tubérculos, así como en los estofados sustanciosos con alubias). Pero, en serio, puedes usarla con cualquier plato.

PARA ¾ DE TAZA

1 cucharada de comino
1 cucharada de semillas de cilantro
2 pimientos jalapeño picados finos (reservar las semillas)
1 taza colmada de cilantro
1 taza colmada de perejil
1 diente de ajo pequeño, machacado
1½ cucharaditas de hierba de trigo en polvo (opcional)
2 cucharadas de zumo de lima recién exprimido
⅓ de taza de aceite de oliva, y un poco más para conservarlo
¾ de cucharadita de sal marina

Calienta una sartén pequeña a fuego medio-alto. Añade el comino y las semillas de cilantro y cocínalos hasta que liberen su aroma, unos 2-3 minutos; luego déjalos enfriar. Pon las especias y el resto de los ingredientes (menos las semillas de pimientos jalapeños que has reservado) en una batidora hasta obtener una salsa de textura suave. Pruébalo y añade unas pocas semillas de jalapeño si deseas la salsa más picante.

Deja enfriar la *harissa* en un pequeño recipiente cubierto con un poco de aceite de oliva en la parte superior para evitar que se oxide y se ponga marrón. La *harissa* verde se conserva hasta dos semanas en la nevera.

> **CONSEJO:** para evitar la pérdida de color verde por oxidación sin tener que añadir aceite extra, envuelve el recipiente con *film* de plástico antes de meterlo en la nevera.

HARISSA DE GOJI

La receta tradicional de esta salsa de chiles del norte de África no incluye bayas de goji. Pero la verdad es que mejoran la *harissa* con una dulzura ahumada y suave, y añaden una nota frutal a los chiles. Hay muchos tipos de chiles que quedarán geniales en esta receta: normalmente encontrarás chiles rojos secos en la sección de alimentos internacionales del supermercado. Solo ten en cuenta que el picante varía de forma muy considerable (los chiles Guajillo y Nuevo México, que se usan en esta receta, no pican demasiado). La *harissa* de gojis puede utilizarse en las sopas a base de patatas y calabaza, las sopas de frutas (como de mango o de melón), las sopas de tomate y muchas más.

PARA ¾ DE TAZA

6 chiles secos Guajillo o Nuevo México, de tamaño grande
¼ de taza de bayas de goji secas
½ cucharadita de semillas de alcaravea
¼ de cucharadita de semillas de comino
¼ de cucharadita de semillas de cilantro
2 cucharaditas de pimienta
¼ de cucharadita de chipotle en polvo
¼ de cucharadita de cayena
2 dientes de ajo triturados
1 cucharada de sal marina
2 cucharadas soperas de zumo de limón recién exprimido
⅓ de taza de aceite de oliva

SUPLEMENTO DE SUPERALIMENTO: para un extra de vitamina C, añade ½ cucharadita de camu camu en polvo a la batidora junto con las especias.

Coloca los chiles en un bol grande resistente al calor y llénalo con agua hirviendo. Déjalos a remojo durante 20 minutos, tapados, y luego agrega las bayas de goji y déjalas en el agua hasta que adquieran una textura suave y se hinchen, unos 5-10 minutos más. Cuela el líquido. Corta los extremos de los chiles y elimina las semillas.

Mezcla las semillas de alcaravea, comino y cilantro en una sartén a fuego medio-alto. Tuéstalas hasta que liberen su olor y se doren ligeramente, unos 2-3 minutos. Con un mortero y una maja o un molinillo muele las especias. En un robot de cocina, añade los chiles y las bayas de goji, además del resto de los ingredientes. Tritura la mezcla, deteniendo la batidora y rebañando los lados de vez en cuando, hasta que se forme una pasta suave (esto puede llevar un par de minutos). Transfiere la mezcla a un frasco hermético y mantenlo refrigerado hasta que lo vayas a usar. La *harissa* se conserva hasta dos semanas en la nevera.

VIRUTAS DE BEICON DE COCO

Hace poco se difundió la noticia de que las carnes procesadas, como el beicon, aumentan el riesgo de cáncer. Sobre este tema, la revista *Time* publicó en portada un reportaje titulado «War on Delicious» (algo así como «Guerra a los manjares»). Esta receta de virutas de beicon de coco desmiente ese titular. Tiene una textura crujiente y fibrosa equilibrada con un apetitoso sabor a beicon. Comer algunas de estas virutas te sentará genial porque están hechas con coco, supersano para el corazón, y especias

ricas en antioxidantes. Espolvoréalas sobre cualquiera de tus recetas favoritas: están especialmente ricas en los sancochos, los chiles y las sopas a base de patatas. Y aunque puede que pienses que no vas a necesitar 1 ½ tazas, que es lo que obtendrás con estas cantidades, créeme cuando te digo que una vez pruebes estas virutas de beicon de coco, querrás comerlas siempre que puedas.

PARA 1 ½ TAZAS

2 cucharadas soperas de salsa de soja
1 cucharada sopera de jarabe de arce
½ cucharadita de humo líquido de nogal
½ cucharadita de pimentón
½ cucharadita de cebolla en polvo
½ cucharadita de chipotle en polvo
1 cucharadita de zumaque en polvo
½ cucharadita de sal marina
½ cucharadita de pimienta negra molida
1 cucharada sopera de aceite de coco
1 ½ tazas de copos de coco

Cubre una bandeja grande con un papel de cocina.

En un tazón pequeño, bate la salsa de soja, el jarabe de arce, el humo líquido, el pimentón, la cebolla, el chipotle, el zumaque, la sal marina y la pimienta negra. Coloca el recipiente en un lugar que te quede cerca de los fogones.

Calienta el aceite de coco en una sartén grande a fuego medio. Comprueba que esté caliente añadiendo un solo copo de coco; si chisporrotea, el aceite está listo. Si no, espera otro minuto, o hasta que el copo de coco comience a chisporrotear. Una vez el aceite esté caliente, agrega los copos de coco a la cacerola. Removiéndolos constantemente, para no quemarlos, tuéstalos hasta que estén dorados, unos 2-3 minutos. Agrega la mezcla de especias y salsa de soja y remuévelo continuamente durante 1 minuto más para hacer que la humedad se evapore. Transfiere inmediatamente el coco a la bandeja que has preparado, distribuyendo los copos tostados sobre la superficie del papel para que absorba el exceso de aceite. Deja que los trozos de coco se asienten durante 20 minutos para que se enfríen y acaben de ponerse crujientes. Si los guardas a temperatura ambiente en un recipiente hermético, se mantendrán durante aproximadamente un mes.

CREMA AGRIA DE ANACARDOS

Es verdad, no hay superalimentos en esta receta. Pero no se me ocurriría proponerte que te sumerjas en el mundo de las sopas de superalimentos sin sugerirte esta forma de embellecer tus recetas con esta crema agria. Un poco de esta deliciosa crema a base de anacardos (libre de colesterol y rica en proteínas, minerales y ácidos grasos sanos para la piel) es sensacional para los chiles y las sopas consistentes de cereales, y por si fuera poco, mejora con los días si la conservas en la nevera.

PARA 1 ¾ TAZAS

1 taza de anacardos crudos, remojados en agua durante 4-6 horas o toda la noche
²/₃ de taza de agua
¼ de taza de vinagre de sidra de manzana
2 cucharadas de pasta amarilla de miso
1 cucharadita de lecitina de girasol (opcional)*
3 cucharadas de aceite de coco

Aclara y escurre los anacardos. Colócalos en un robot de cocina y agrega todos los ingredientes restantes, excepto el aceite de coco. Procesa la mezcla durante varios minutos hasta obtener una textura suave, deteniendo de vez en cuando la máquina y para recuperar la mezcla que se pegue a los lados. Añade el aceite de coco y sigue procesándolo hasta que se mezcle por completo. Transfiere la mezcla a un recipiente hermético. Cubre el envase y refrigéralo durante un mínimo de 1 hora (lo ideal sería , durante toda la noche) para que adquiera consistencia antes de servirla. En la nevera se conserva hasta 2 semanas, y su sabor mejora con los días.

> **IDEAS FELICES:** los anacardos son una gran fuente de numerosos minerales, en particular de hierro y magnesio. De hecho, una sola porción de 30 g de anacardos contiene el 20% de las necesidades diarias de magnesio, que ayudan a la salud del corazón y los huesos, razones por las que este fruto seco es tan apreciado.

* La lecitina no cambia el sabor de esta receta, pero ayudará a que sea mucho más suave. También puedes usar lecitina de soja en lugar de lecitina de girasol, o simplemente no usarla.

RACIMOS DE SEMILLAS CARAMELIZADAS

Las semillas son una forma maravillosa de conseguir una textura crujiente y deliciosamente suave, y además copiosos minerales, grasas de las buenas y proteínas adicionales. Estos racimos con una pizca de condimento saben mejor en las sopas de calabazas y de tubérculos, y también en los guisos picantes. Puedes probar fácilmente distintas variaciones de esta receta usando otras especias dulces, como la canela y el clavo, o condimentos salados como la salvia y el romero.

PARA 2 TAZAS

- ¼ de taza de semillas de cáñamo
- 1 cucharada de semillas de sésamo negro
- 1 cucharada de semillas de chía
- 2 cucharadas de azúcar de coco
- ½ cucharadita de nuez moscada molida
- ⅛ de cucharadita de cayena
- ½ cucharadita de pimienta negra molida
- ¼ de cucharadita de sal marina
- 2 cucharadas de jarabe de arce
- ½ taza de semillas de girasol crudas
- 2 cucharadas de semillas de calabaza crudas

Mezcla las semillas de cáñamo, de sésamo y de chía, el azúcar de coco, la nuez moscada, la cayena, la pimienta negra y la sal marina. Añade el jarabe de arce hasta que todo esté bien mezclado y resérvalo.

Calienta una pequeña sartén a fuego medio. Añade las semillas de girasol y las de calabaza y tuéstalas durante 3-4 minutos, removiendo a menudo, hasta que las pepitas se hinchen un poco. Agrega las semillas recubiertas con jarabe de arce a la mezcla de la sartén, removiendo constantemente, y cocínala durante 1 minuto más, aproximadamente. Transfiere la mezcla a una placa para que se enfríe y se endurezca, déjala unos 10 minutos y luego rómpela en trozos pequeños. En un recipiente hermético, los racimos se mantendrán durante un par de meses, a temperatura ambiente.

CONSERVA AGRIDULCE DE UVILLAS

Esta pasta para untar cítrica y sabrosa puede utilizarse de dos formas distintas: para iluminar las sopas trituradas, en especial las de tubérculos, o para extenderla sobre pan tostado (es perfecto para servirlo junto a un estofado caliente). No importa cómo la uses, esta conserva es una infalible arma secreta que puedes esconder en el refrigerador.

PARA ⅔ TAZA

12 cebollas perla peladas
½ taza de uvillas secas
⅛ de cucharadita de pimienta de Jamaica
1 cucharada de azúcar de coco
1 taza de caldo vegetal casero (página 84) o envasado
1 pizca de azafrán (opcional)

Mezcla todos los ingredientes en una olla pequeña a fuego medio. Llévalo a ebullición, luego reduce el fuego y cocínalo durante 25-30 minutos, hasta que las cebollas estén transparentes y el líquido quede reducido a jarabe. Transfiérelo a un procesador de alimentos y conviértelo en una pasta de textura gruesa. El *chutney* dura varias semanas en un envase hermético en la nevera.

ENSALADA DE MANZANA

Un aderezo superrefrescante para las sopas frías y calientes.

1 manzana crujiente picada (tipo *Fuji*)
2 cucharadas de perejil fresco picado
½ cucharada de aceite de oliva
½ cucharadita de mostaza de Dijon
1 cucharadita de vinagre de sidra de manzana
Sal marina y pimienta negra molida

Mezcla todos los ingredientes en un bol (la sal y la pimienta al gusto) y remuévelos. Enfría la ensalada hasta que esté lista para usarla.

PARMESANO DE SEMILLAS DE CÁÑAMO

El primer restaurante en el que trabajé era italiano, un lugar bien conocido en el barrio por dos cosas: una salsa con sabor a ajo para mojar el pan que valía la pena comprar por cubos, y aromáticos trozos de parmesano fresco metidos en paños húmedos y presentados como guarnición. Al final creé una versión de superalimento parecida al parmesano y que puede conservarse fría en trozos, lista para rallar al momento, cortar en rodajas o desmenuzar –incluso puede derretirse–. Esta versión vegana del parmesano aguanta varias semanas en el refrigerador y es probablemente uno de los aderezos que más uso en la sopa.

PARA 225 GRAMOS

²/₃ de taza de anacardos crudos
¹/₃ de taza de semillas
de cáñamo
2 cucharadas de levadura
nutricional
¼ de cucharadita de sal marina
2 cucharadas de pasta blanca
de miso
1 cucharada de aceite de coco

Pon los anacardos en un procesador de alimentos y muélelos hasta convertirlos en polvo. Añade las semillas de cáñamo, la levadura nutricional, la sal marina, la pasta de miso y el aceite de coco y procésalo todo hasta obtener una pasta.

Coloca la pasta encima de una hoja de papel de hornear. Moldéala en forma de bloque poco compacto, envuélvelo firmemente en el papel y envuélvelo de nuevo con plástico. Congela la pasta durante 2 horas o hasta que esté bastante firme; consérvala en la nevera.

Para servir el parmesano de semillas de cáñamo, usa un rallador de queso, un cortador en láminas o un cuchillo para cortarlo en rodajas finas y usarlo para sopas de todas las variedades que puedan combinar bien con una cobertura de queso. Este parmesano se ablanda fácilmente, así que

mantenlo en el refrigerador, envuelto en el papel y guardado en un recipiente hermético para que se conserve a largo plazo. Durará aproximadamente 1 mes.

CONSEJO: si no puedes esperarte y necesitas una cobertura parecida al parmesano en un momento, aquí tienes una solución casi instantánea. Mezcla en el robot de cocina ¼ de taza de semillas de cáñamo, 1 cucharada sopera de levadura nutricional y ¼ de cucharadita de sal marina, y espolvoréalo sobre la sopa.

PICATOSTES GERMINADOS

La mayoría de los días, busco algunas semillas crujientes, frutos secos crujientes o hierbas picadas para adornar mi sopa del día. Pero a veces (y a todos nos ha pasado) bastan unos picatostes frescos. Para hacer las cosas fáciles, preparo los míos en casa con el mismo pan que utilizamos en las tostadas del desayuno. Está hecho de granos germinados, lo que significa más proteínas, más micronutrientes y más digestibilidad. (En las tiendas hay ahora muchas variedades deliciosas de panes germinados, pero si no puedes encontrarlos, otro pan servirá). Un poco de chía le aporta a esta receta superbásica un extra de superalimentos.

PARA 2 TAZAS

4 rebanadas de pan esenio (de cereales germinados)*
2 cucharadas soperas de aceite de oliva
1 cucharada sopera de semillas de chía
¼ de cucharadita de sal marina

Precalienta el horno a 175 °C.

Parte el pan con las manos en trozos del tamaño de un bocado (o en cuadrados de unos 2 cm) y ponlos en un bol grande. Rocíalos con aceite de oliva y espolvorea por encima las semillas de chía y la sal. Mezcla a mano para que los ingredientes se distribuyan uniformemente y extiéndelos sobre una bandeja de hornear grande. Utiliza algunos de los picatostes para rebañar las semillas de chía que queden pegadas en el tazón. Hornéalos durante 15-20 minutos, o hasta que estén bien tostados.

Puedes guardarlos a temperatura ambiente durante varios días y tostarlos de nuevo en el horno caliente si han perdido la textura crujiente.

Variación: *añade hierbas y especias para crear nuevos sabores. Intenta mezclarlos con un diente de ajo picado, un poco de tomillo recién cortado o incluso levadura nutricional y cebolla en polvo.*

ALTERNATIVAS AL PAN

No se puede negar que el pan y la sopa forman una pareja genial, y soy la primera en admitir que a veces me permito una rebanada caliente y crujiente. Qué puede ser más delicioso que acompañar un bol de sopa recién hecho con una rebanada de pan tostado. Es un clásico.

Si nos olvidamos de su sabor, la parte negativa del pan es que, a menos que sea una versión preparada con cereal germinado, no es particularmente rico en nutrientes. Esto se traduce en calorías que no tienen mucho impacto positivo sobre nuestra salud y en que necesitas consumir más para sentirte saciado. De ninguna manera estoy intentando demonizar el pan (por favor, hay otras comidas mucho peores); solo digo que está bien tener otras alternativas. Así que para que tu sopa te dé la impresión de ser una comida completa, prueba alguna de estas féculas en lugar del pan. Todas ellas ofrecen una buena relación calidad/precio, nutricionalmente hablando.

Patata al horno. Esta es la versión natural de un bol de pan. Cualquier tipo de chile, estofado o incluso sancocho queda perfecto encima de una patata al horno, que a pesar de su humilde reputación, en realidad contiene una rica variedad de micronutrientes que incluso han mostrado efectos potenciales para reducir la presión arterial.

Boniato o calabaza de invierno asada. Aquí tienes otra fabulosa opción que ofrece antioxidantes como el caroteno y un sabor mucho más dulce. Los boniatos y las calabazas están especialmente sabrosos con los chiles y las sopas de alubias.

Verduras de hoja verde. En mi casa llamamos a esto «sopa estilo ensalada». No es el plato más glamuroso que puedas tener delante. Pero si te soy sincera, es una de mis formas favoritas de disfrutar la sopa casera: simplemente llena un bol con verduras de hoja verde en versión *baby*, como la espinaca o el kale, y luego vierte la sopa caliente encima. Las verduras se ablandan y son el ingrediente sólido, mientras que la sopa actúa como un aliño consistente. Puedes usar cualquier tipo de sopa para estas recetas —una de mis favoritas es la de lentejas—. Por supuesto, también puedes servir una ensalada y disfrutar de una saludable comida completa (y mucho más vistosa).

Cereales cocidos. Convierte tu sopa en unos cereales *pilaf* simplemente añadiendo sobre ella una capa de quinoa hervida, *freekeh*, arroz o tu cereal favorito (¿por qué comer pan procesado cuando puedes comerte el cereal completo tal como es y disfrutar de todos sus beneficios sobre la salud?).

Cualquier combinación de los anteriores ingredientes. Si añades un par de las opciones anteriores a tu sopa del día, tendrás uno de los mejores boles para comer o cenar que pueden crearse. La sensación de saciedad que conseguirás con este bol con ingredientes integrales y con pan es insuperable.

Si eres un fanático del pan (yo vivo con uno, así que te entiendo), prueba a cambiar el que tomas a diario por un pan esenio, hecho con cereal germinado, que es más saciante y fácil de digerir. Recuerda, cada elección que hagas que mejore lo que ya comes cuenta y contribuye a mejorar tu salud y tu alimentación.

TERCERA PARTE

EXTRAS

GUÍA DE SUSTITUCIÓN DE SUPERALIMENTOS

Muchos superalimentos pueden intercambiarse fácilmente entre sí, o incluso por algunos alimentos comunes. Por lo tanto, si no puedes conseguir un ingrediente en particular, o simplemente se te acaba, no dejes que eso te impida disfrutar de las recetas de este libro. Aunque sus propiedades nutricionales serán distintas, aún podrás disfrutar de un delicioso bol de sopa.

SUPERALIMENTO	SUSTITUCIÓN
Amaranto integral	Quinoa integral
Cacao en polvo	Cocoa en polvo (cacao tostado)
Camu camu en polvo	Se puede omitir
Semillas de chía	Semillas de lino para aderezo; omitir si no son aderezo
Azúcar de coco	Xilitol, azúcar de dátiles o azúcar de caña
Uvas pasas	Farro
Semillas de espelta o sorgo	Freekeh
Trigo partido o bulgur	Arroz negro (prohibido)
Semillas de cáñamo	Semillas de girasol
Kale	Acelgas u otra verdura de hoja verde
Kelp	Un poco de sal marina u omitir de la receta
Setas maitake frescas	Setas crimini frescas
Setas en polvo (de cualquier variedad)	Otro superalimento en polvo de cualquier variedad u omitir
Quinoa	Copos de avena
Setas shiitake frescas	Setas crimini frescas
Sorgo	Arroz integral de grano corto
Espirulina en polvo	Hierba de trigo en polvo u omitir
Berros	Rúcula
Tiras de yacón seco	Manzana seca en rodajas
Jarabe de yacón	Jarabe de arce

NOTA: las sustituciones pueden ir en ambos sentidos y utilizarse en una proporción de 1:1.

CUADRO DE CONVERSIÓN DE MEDIDAS

Ingredientes no líquidos

INGREDIENTE	1 TAZA	¾ TAZA	⅔ TAZA	½ TAZA	⅓ TAZA	¼ TAZA	2 CDAS.
Semillas de chía	163 g	122 g	108 g	81 g	54 g	41 g	20 g
Frutas y verduras picadas	150 g	110 g	100 g	75 g	50 g	40 g	20 g
Bayas de goji/frutas secas	111 g	83 g	74 g	55 g	37 g	28 g	14 g
Frutos secos picados	150 g	110 g	100 g	75 g	50 g	40 g	20 g

Nota: los ingredientes no líquidos especificados en las recetas americanas por volumen (si son más de 2 cucharadas o 1 onza líquida) pueden convertirse al peso con la tabla anterior.
Si necesitas convertir un ingrediente que no está en esta tabla, lo que has de hacer es medirlo con una taza de medición tradicional y luego pesar el contenido. Para medidas pequeñas, puedes utilizar la tabla de conversión de volumen.

TABLA DE CONVERSIÓN DE VOLUMEN

Ingredientes líquidos

CANTIDAD HABITUAL	EQUIVALENCIA EN EL SISTEMA MÉTRICO
1 cucharadita	5 ml
¼ de taza o 2 onzas líquidas	15 ml
1 cucharada sopera o ½ onza líquida	60 ml
⅓ taza	80 ml
½ taza o 4 onzas líquidas	120 ml
⅔ taza	160 ml
1 taza u 8 onzas líquidas o ½ pinta	250 ml
1 ½ tazas o 12 onzas líquidas	350 ml
2 tazas o 1 pinta o 16 onzas líquidas	475 ml
3 tazas o 1 ½ pintas	700 ml

GUÍA PARA COMPRAR INGREDIENTES

NAVITAS NATURALS

Un lugar para adquirir superalimentos orgánicos, sostenibles.

Encontrarás: cacao en polvo, camu camu en polvo, semillas de chía, azúcar de coco, bayas de goji secas, uvillas secas, semillas de cáñamo, maca en polvo, anacardos crudos, hierba de trigo en polvo, tiras de yacón, y mucho más.

Página web: navitasnaturals.com.

OM-ORGANIC MUSHROOM NUTRITION

Especializados en setas medicinales orgánicos en polvo y mezclas.

Encontrarás: chaga en polvo, de *cordyceps*, de *reishi* y más.

Página web: ommushrooms.com

NUTREX-HAWAII

El mejor lugar para comprar espirulina de calidad.

Encontrarás: espirulina en polvo.

Página web: nutrex-hawaii.com

MAINE COAST SEA VEGETABLES

Excepcionales algas orgánicas cultivadas con métodos sostenibles.

Encontrarás: *kelp* en gránulos, copos de *dulse*, láminas de *nori* y mucho más.

Página web: seaveg.com.

EDEN FOODS

Alimentos orgánicos y naturales, muy útiles para sopas de superalimentos.

Encontrarás: fideos de hierba de trigo, legumbres enlatadas (sin BPA), tiras de *kombu*, vinagre de *umeboshi*, copos de *wakame* y mucho más.

Página web: edenfoods.com.

LOTUS FOODS

Especializados en cereales integrales, tomates reliquia y especialidades de arroz.

Encontrarás: arroz negro, fideos ramen de arroz.

Página web: lotusfoods.com.

BOB'S RED MILL

Tienen una línea enorme de ingredientes secos para la despensa.

Encontrarás: amaranto, arrurruz en polvo, trigo sarraceno, farro, *freekeh*, lentejas, judías, quinoa, sorgo.

Página web: bobsredmill.com.

MOUNTAIN ROSE HERBS

Hierbas y especias orgánicas a granel.

Encontrarás: una selección de hierbas culinarias y medicinales, como canela y rosa.

Página web: mountainroseherbs.com.

AMAZON

El rey de las tiendas en línea.

Encontrarás: casi cualquier ingrediente sin refrigerar o menaje que no puedas encontrar en tiendas, como molinillos de especias, botes, recipientes para almacenar e incluso superalimentos (a menudo, con descuento).

Página web: amazon.com.

BIBLIOGRAFÍA

American Society of Plant Biologists. «The Origin and spread of 'Emperor's rice». *Science Daily*. 26 de septiembre de 2015. Web, 4 de abril de 2016. www.sciencedaily.com/releases/2015/09/150926191819.htm.

Blaszyk, Amy. «Taking Stock of Bone Broth: Sorry, No Cure-All Here». *NPR*. 10 de febrero de 2015. Web, 4 de abril de 2016. www.npr.org/sections/the-salt/2015/02/10/384948585/taking-stock-of-bone-broth-sorry-no-cure-all-here.

Bode, Ann M. y Zigang Dong. «The Amazing and Mighty Ginger». *Herbal Medicine: Biomolecular and Clinical Aspects. 2nd edition*, 2ª ed. Web, 4 de abril de 2016. www.ncbi.nlm.nih.gov/books/NBK92775/.

Callaway, J. C. «Hempseed as A Nutritional Resource: An Overview». *Euphytica*. 2004. Web. 7 April 2014. www.ovidsp.tx.ovid.com/sp-3.11.0a/ovidweb.cgi?T=S&PAGE=fulltext&D=ovf&AN=00005768-201001000-00019&NEWS=N&CSC=Y&CHANNEL=PubMed.

Carbour, Celia y Rachel Mount. «25 Superfoods to Incorporate Into Your Diet Now». *Oprah.com*. Web, 4 de abril de 2016. www.oprah.com/food/Superfoods-Ingredients-and-Recipes-for-a-Healthy-Diet.

Charles, Dan. «Heat, Drought Draw Farmers Back To Sorghum, The «Camel Of Crops». *NPR The Salt*. 31 de octubre de 2013. Web, 4 de abril de 2016. www.npr.org/sections/thesalt/2013/10/31/231509864/heat-drought-draw-farmers-back-to-sorghum-the-camel-of-crops.

Clum, Dr. Lauren, y Dra. Mariza Snyder, *The Antioxidant Counter.* Berkley, CA: Ulysses Press, 2011.

Coates, Wayne. *Chia: The Complete Guide to the Ultimate Superfood.* New York, NY: Sterling, 2012.

Cooksley, Valerie Gennari. *Seaweed: Nature's Secret to Balancing Your Metabolism, Fighting Disease, and Revitalizing Body and Soul.* New York, NY: Stewart, Tabori and Chang, 2007.

Cornish, M. Lynn *et. al.* «A role for dietary macroalgae in the amelioration of certain risk factors associated with cardiovascular disease». *International Psycological Society.* 54 (6) (2015): 649-66. Web, 4 de abril de 2016. www.phycologia.org/doi/pdf/10.2216/15-77.1.

Culinary Institute of America. *The Professional Chef.* New York, NY: John Wiley & Sons, Inc., 2002.

Dondero, Tim. «Dondero: Soups in ancient Rome». *Online Athens.* 18 de abril de 2010. Web, 4 de abril de 2016. www.onlineathens.com/stories/041810/liv_610999089.shtml#.VlYeUCR3heU.

«Effects of cooking on vitamins». *Beyond Vegetarianism*. Web, 4 de abril de 2016. www.beyondveg.com/tu-j-l/raw-cooked/raw-cooked-2e.shtml.

«Goji Berry (Wolfberry)». *ImmuneHealthScience.com*. 2008-2013. Web, 8 de abril de 2014. www.immunehealthscience.com/goji.html.

Halpern, Georges M. *Healing Mushrooms: Effective Treatments for Today's Illnesses*. New Hyde Park, NY: Square One, 2007.

Harrison-Dunn, Annie-Rose. «Add seaweed to food to improve heart health, Danish researchers urge industry». *Nutra Ingredients*. 25 de noviembre de 2015. Web, 4 de abril de 2016. www.nutraingredients.com/Research/Add-seaweed-to-food-to-improve-heart-health-Danish-researchers-urge-industry?nocount.

ISGA International Sprout Growers Association. Página principal. 17 de noviembre de 2014. www.isga-sprouts.org/.

Kazue, Noemia, *et al.* «Antibacterial activity of lentinula edodes grown in liquid medium». *Brazilian Journal of Microbiology*. 32 (3) (agosto/octubre de 2001). Web, 4 de abril 2016. www.scielo.br/scielo.php?pid=S1517-83822001000300008&script=sci_arttext&tlng=pt.

Largeman-Roth, Frances. «*Freekeh*-The Next Hot Supergrain». *Huffpost Healthy Living*. 2 de septiembre de 2013. Web, 4 de abril de 2016. www.huffingtonpost.com/frances-largemanroth/best-supergrains_b_3824822.html.

Leech, Joe. «12 Proven Benefits of Pomegranate (No. 8 is Impressive)». *Authority Nutrition*. Marzo de 2016. Web, 4 de abril de 2016. authoritynutrition.com/12-proven-benefits-of-pomegranate/.

Ley, Beth M. *Maca: Adaptogen and Hormonal Regulator*. Detroit Lakes, MN: BL Publications, 2003.

«Maca». Memorial Sloan-Kettering Cancer Center. Abril de 2013. www.mskcc.org.

Maisto, Michelle. "Rediscovering Amaranth, The Aztec Superfood". *Forbes*. 5 de diciembre de 2011. Web, 17 de noviembre de 2014. www.forbes.com/sites/michellemaisto/2011/12/05/meet-amaranth-quinoas-ancient-superfood-cousin/.

Monro, JA, *et al.* «The risk of lead contamination in bone broth diets». *Medical Hypotheses*. 80 (4) (abril de 2013): 389-90. Web. 9 de abril de 2014. www.ncbi.nlm.nih.gov/pubmed/23375414.

Morgan, Helen C. y Kelly J. Moorhead. *Spirulina: Nature's Superfood*. Nutrex Inc., 1993.

Rarback, Sheah. «Beyond broccoli: Green beans, radishes & radicchio are superstars». *Miami Herald*. 21 de marzo de 2016. Web, 4 de abril de 2016. www.miamiherald.com/living/health-fitness/chew-on-this/article67393367.html.

Scholey, A.B. «Cocoa polyphenols enhance positive mood states but not cognitive performance: a randomized, placebo-controlled trial». *International Journal of Biomedical Science*. 27 (5) (mayo de 2013): 451-458. Web, 9 de abril de 2014. www.ncbi.nlm.nih.gov/pubmed/23364814.

Searby, Lyda. «Brown seaweed extract battles cancer». *Nutra Ingredients*. 30 de noviembre de 2015. Web, 4 de abril de 2016. /www.nutraingredients.com/Research/Brown-seaweed-extract-battles-cancer.

«Soup and its history». *L'etoile Fine Virginia Cuisine*. 12 de enero de 2011. Web, 4 de abril de 2016. www.letoilerestaurant.com/history/soup-and-its-history/.

Sygo, Jennifer: «Jennifer Sygo: Introducing omega-7s, the new fatty acid on the block». *National Post.* 11 de junio de 2013. Web, 4 de abril de 2016. news.nationalpost.com/health/jennifer-sygo-introducing-omega-7s-the-new-fatty-acid-on-the-block.

Szalay, Jessie. «Potatoes: Health Benefits, Risks & Nutrition Facts». *Live Science.* 9 de octubre de 2014. Web, 4 de abril de 2016. /www.livescience.com/45838-potato-nutrition.html.

Weiss, Laura B. «Farro: An Ancient and Complicated Grain Worth Figuring Out». *NPR Kitchen Window.* 2 de octubre de 2013. Web, 4 de abril de 2016. www.npr.org/2013/10/02/227838385/farro-an-ancient-if-complicated-grain-worth-figuring-out.

Wolfe, David. *Chaga: King of the Medicinal Mushrooms.* Berkeley, California: North Atlantic Books, 2012.

Wong, Sam. «Scientists discover protein that boosts immunity to viruses and cancer». *Imperial College London.* 16 de abril de 2015. Web, 4 de abril de 2016. www3.imperial.ac.uk/newsandeventspggrp/imperialcollege/newssummary/news_16-4-2015-14-51-47

Young, Shelley Redford y Robert O. Young. *The pH Miracle: Balance Your Diet, Reclaim Your Health*. Grand Central Life & Style, 2010.

Zeb, Alam. «Chemical and Nutritional Constituents of Sea Buckthorn Juice». *Pakistan Journal of Nutrition.* 3 (2) (2004): 99-106. Web, 4 de abril de 2016. www.pjbs.org/pjnonline/fin185.pdf.

Zielinski, Sarah. «Stone Age Stew? Soup Making May Be Older Than We'd Thought». *NPR The Salt.* 6 de febrero de 2013. Web, 4 de abril de 2016. http://www.npr.org/sections/thesalt/2013/02/06/171104410/stone-age-stew-soup-making-may-be-older-than-wed-thought.

Hacen falta muchos ingredientes para preparar una buena sopa; del mismo modo, para crear un libro como este se necesitó a un equipo extraordinario. Y además creo que sus páginas reflejan lo mucho que hemos disfrutado.

Gracias, Oliver Barth, por tus muchas funciones en este libro: como fotógrafo, trabajando conmigo codo con codo para conseguir imágenes impresionantes, y como el compañero más increíble, dispuesto a probar todas las comidas que hiciera falta, brindando tu apoyo y tu amor e incluso haciendo de lavaplatos.

Gracias, papá, por animarme en mis ocasionales fracasos en la cocina, y por ayudar a animar este libro en nuestros divertidos vídeos.

Gracias, mamá, por toda tu consideración, tiempo, y sensatas sugerencias sobre la redacción de este libro. Y gracias, Van Fleisher, por tu entusiasta y atenta degustación de mis recetas.

Gracias a mi agente, Marilyn Allen, por tomar mis ideas cuando eran una semilla y trabajar para plantarlas y regarlas. Me encanta el jardín que hemos hecho crecer.

Gracias a todo el equipo editorial de Sterling (de la edición original) por vuestra dedicación y cuidado de este proyecto: a la editora más estupenda de la ciudad, Jennifer Williams, por prestar tu impresionante talento para mejorar estas páginas; a Christine Heun, por un diseño insuperable; a Elizabeth Lindy, por el precioso diseño de cubierta; a Kimberly Broderick por dirigir todo el barco, y mi mayor agradecimiento a Marilyn Kretzer, Theresa Thompson, Sari Lampert, Blanca Oliviery, Toula Ballas, Chris Vaccari, Victoria Horn, Sandra Ballabio y Trudi Bartow por vuestro increíble apoyo y las energías que habéis dedicado para lograr que este libro viera la luz. Todo mi cariño va para vosotros.

Gracias también a ti, Carolyn Pulvino, por crear estas tablas perfectas. Y gracias, Alyssa Ochs, por tu ayuda en la organización de todo.

Gracias a mi querida familia de Navitas Naturals por toda la ayuda en forma de superalimentos durante esta aventura. Y gracias también al equipo de Om Organic Mushroom Nutrition por compartir vuestro conocimiento.

Y sobre todo, gracias a mis queridos lectores y compañeros devotos de los superalimentos. Vuestros actos saludables y vuestro contagioso entusiasmo me inspiran a continuar creando. Seguid brillando.

Consulta la página 70 para interpretar los iconos que aparecen en los beneficios.

BELLEZA

Sopa de alga *nori* y aguacate con arroz crujiente, 100

Sopa de aguacate y guisantes, 105

Caldo embellecedor, 96

Sopa de lentejas negras y rúcula, 222

Estofado de lentejas negras con setas Portobello y puré de apio, 216

Sopa de alubias negras con cacao, 215

Sopa de castañas y cacao, 152

Racimos de semillas caramelizadas, 245

Sopa de col y cominos con albóndigas de *freekeh*, 162

Crema agria de anacardos, 244

Chile de coliflor y chía, 210

Sopa de apio con compota de manzana y berros, 140

Pesto de chía, 238

Sopa de nachos de chía con alubias negras, 160

Chile con nueces, 212

Sopa fría de jengibre y zanahoria, 108

Sopa de chocolate frío (postre), 117

Sopa fría de coco y cúrcuma, 113

Sopa fría de almendras y hierba de trigo con uvas e hinojo, 114

Virutas de beicon de coco, 242

Sopa de curri y coco, 180

Sopa cremosa de calabacines, 146

Sopa de remolacha con cominos, 145

Sopa de calabaza con manzana al curri, 135

Sopa de hinojo con conserva agridulce de uvillas, 129

Sopa de té verde con arroz prohibido, 164

Sopa de maíz fresco, 119

El estofado de superalimentos de mi perrito Fritz, 231

Crema de boniato y jengibre con espino cerval de mar, 121

Harissa de goji, 241

Sopa de goji y azafrán con sorgo, 158

Conserva agridulce de uvillas, 246

Gazpacho de melocotones y uvillas, 107

Harissa verde, 239

Sopa de zumo verde con arroz y fideos de pepino, 110

Sopa de zanahoria con harissa, 127

Caldo curativo, 97

Parmesano de semillas de cáñamo, 247

Crema de rábanos picantes, 236

Kitchari, 205

Gazpacho de melón y limón con aceite de espirulina, 102

Sopa minestrone con farro y pesto de chía, 169

Sopa de pera y chirivía, 147

Sopa festiva de caquis, 154

Estofado de quinoa peruana, 220

Sopa de cebada con setas Portobello y crema de rábanos picantes, 209

Gachas de ñame de agua con trigo sarraceno, 195

Estofado de ratatouille y quinoa, 223

Estofado de dal de lentejas rojas y coco, 211

Gachas de chía y lentejas rojas con achicoria, 199

Sancocho de coliflor

rustida, 192

Sopa de pimientos rojos asados con crema fresca de espino cerval de mar, 125

Sopa de seis setas, 139

Sancocho de guisantes partidos y semillas de cáñamo, 185

Sopa de calabacines con puré de aguacate y wasabi, 181

Bol ramen de superalimentos, 170

Sopa de goji y tomate con albahaca fresca, 123

Sopa de espárragos trufados, 142

Vichyssoise de berros, 99

Gazpacho de goji y sandía, 109

Sopa de yogur y pepino con garbanzos tostados y harissa de gojis, 101

HUESOS FUERTES

Estofado de minestrone africano, 214

Sancocho de alcachofas, 186

Sopa de alga *nori* y aguacate con arroz crujiente, 100

Jambalaya de alubias de careta, 226

Sopa de lentejas negras y rúcula, 222

Estofado de lentejas negras con setas Portobello y puré de apio, 216

Sopa de alubias negras con cacao, 215

Racimos de semillas caramelizadas, 245

Chile de coliflor y chía, 210

Sopa de brócoli con queso, 188

Pesto de chía, 238

Sopa de nachos de chía con alubias negras, 160

Chile con nueces, 212

Sopa fría de coco y cúrcuma, 113

Sopa de curri y coco, 180

Crema de kale, 120

Sopa cremosa de calabacines, 146

Sopa de calabaza con manzana al curri, 135

Sopa de té verde con arroz prohibido, 164

Gachas de *freekeh* con *shiitake* y kale, 201

El estofado de superalimentos de mi perrito Fritz, 231

Sopa de zumo verde con arroz y fideos de pepino, 110

Caldo curativo, 97

Sancocho inca, 194

Bol de caldo con kimchi y

fideos de trigo sarraceno, 174

Kitchari, 205

Sopa de muchos verdes, 132

Sopa minestrone con farro y pesto de chía, 169

Caldo de miso, 87

Sopa de miso con fideos, 166

Estofado de harira marroquí, 219

Sancocho de gírgolas con beicon de coco, 191

Sopa tailandesa de tallarines fritos, 172

Sopa de puerros y patata, 136

Pozole Verde con judías pintas, 229

Gachas de ñame de agua con trigo sarraceno, 195

Borscht de alubias rojas, 225

Estofado de dal de lentejas rojas y coco, 211

Gachas de chía y lentejas rojas con achicoria, 199

Sopa de brócoli asado, 137

Sancocho de coliflor rustida, 192

Caldo de algas, 89

Sopa de coles de bruselas en láminas con beicon de coco, 157

Sopa de calabaza ahumada con racimos de semillas caramelizadas, 150

Sopa de calabacines con

puré de aguacate y
wasabi, 181
Bol ramen de superali-
mentos, 170
Estofado de tempeh y
tomate, 218
Sopa de espárragos trufa-
dos, 142
Vichyssoise de
berros, 99
Sopa de kale con calaba-
za de invierno y alubias
blancas, 227
Gachas de amaranto con
zaatar, 200

LIMPIEZA Y DESINTOXICACIÓN

Sancocho de
alcachofas, 186
Sopa de alga *nori* y aguacate con arroz crujiente,
100
Sopa de aguacate y
guisantes, 105
Caldo embellecedor, 96
Sopa de lentejas negras y
rúcula, 222
Sopa de apio con
compota de manzana y
berros, 140
Sopa fría de jengibre y
zanahoria, 108
Sopa fría de coco y
cúrcuma, 113
Crema de kale, 120

Sopa cremosa de
calabacines, 146
Sopa de calabaza con
manzana al curri, 135
Caldo detox, 95
Sopa de rúcula
Earl Grey, 116
Caldo energizante, 94
Sopa del mercado de hor-
talizas, 177
Sopa de hinojo con con-
serva agridulce de
uvillas, 129
Sopa de té verde con
arroz prohibido, 164
Crema de boniato y jengi-
bre con espino cerval de
mar, 121
Gazpacho de melocotones
y uvillas, 107
Sopa de coliflor dorada
con setas braseadas, 148
Sopa de zumo verde con
arroz y fideos de
pepino, 110
Caldo curativo, 97
Kitchari, 205
Gazpacho de melón y
limón con aceite de espi-
rulina, 102
Caldo de miso, 87
Sopa de miso con
fideos, 166
Caldo de setas, 86
Sopa de pera y
chirivía, 147
Sopa de cebada con setas
Portobello y crema de
rábanos picantes, 209
Sopa de concentrado de

nabo, 141
Borscht de alubias
rojas, 225
Gachas de chía y
lentejas rojas
con achicoria, 199
Sancocho de coliflor
rustida, 192
Sopa de pimientos rojos
asados con crema fresca
de espino cerval de
mar, 125
Caldo de algas, 89
Sopa de seis setas, 139
Sopa de goji y tomate con
albahaca fresca, 123
Caldo vegetal, 84
Vichyssoise de
berros, 99
Gazpacho de goji
y sandía, 109
Gachas de amaranto con
zaatar, 200

CORAZÓN SANO

Estofado de minestrone
africano, 214
Sancocho de alcachofas,
186
Sopa de aguacate y guisantes, 105
Caldo embellecedor, 96
Jambalaya de alubias de
careta, 226
Sopa de lentejas negras y
rúcula, 222

Estofado de lentejas negras con setas Portobello y puré de apio, 216

Sopa de alubias negras con cacao, 215

Sopa de castañas y cacao, 152

Racimos de semillas caramelizadas, 245

Sopa de col y cominos con albóndigas de freekeh, 162

Crema agria de anacardos, 244

Chile de coliflor y chía, 210

Sopa de apio con compota de manzana y berros, 140

Sopa de brócoli con queso, 188

Pesto de chía, 238

Sopa de nachos de chía con alubias negras, 160

Chile con nueces, 212

Sopa fría de jengibre y zanahoria, 108

Sopa de chocolate frío (postre), 117

Sopa fría de almendras y hierba de trigo con uvas e hinojo, 114

Virutas de beicon de coco, 242

Sopa cremosa de calabacines, 146

Sopa de remolacha con cominos, 145

Sopa de calabaza con manzana al curri, 135

Caldo energizante, 94

Sopa del mercado de hortalizas, 177

Sopa de hinojo con conserva agridulce de uvillas, 129

Sopa de té verde con arroz prohibido, 164

Gachas de freekeh con shiitake y kale, 201

El estofado de superalimentos de mi perrito Fritz, 231

Crema de boniato y jengibre con espino cerval de mar, 121

Harissa de goji, 241

Sopa de goji y azafrán con sorgo, 158

Conserva agridulce de uvillas, 246

Sopa de coliflor dorada con setas braseadas, 148

Harissa verde, 239

Sopa de zumo verde con arroz y fideos de pepino, 110

Sopa de zanahoria con harissa, 127

Caldo curativo, 97

Parmesano de semillas de cáñamo, 247

Crema de rábanos picantes, 236

Sancocho inca, 194

Bol de caldo con kimchi y fideos de trigo sarraceno, 174

Kitchari, 205

Sopa minestrone con farro

y pesto de chía, 169

Estofado de harira marroquí, 219

Sopa de cebolla con parmesano de semillas de cáñamo, 175

Sopa tailandesa de tallarines fritos, 172

Sopa de pera y chirivía, 147

Estofado de quinoa peruana, 220

Sopa de cebada con setas Portobello y crema de rábanos picantes, 209

Sopa de puerros y patata, 136

Pozole Verde con judías pintas, 229

Sopa de concentrado de nabo, 141

Gachas de ñame de agua con trigo sarraceno, 195

Estofado de ratatouille y quinoa, 223

Borscht de alubias rojas, 225

Estofado de dal de lentejas rojas y coco, 211

Gachas de chía y lentejas rojas con achicoria, 199

Sopa de brócoli asado, 137

Sancocho de coliflor rustida, 192

Sopa de pimientos rojos asados con crema fresca de espino cerval de mar, 125

Sopa de farro y raíz asada

con ensalada de manzana, 182

Sopa de coles de bruselas en láminas con beicon de coco, 157

Sopa de seis setas, 139

Sancocho de maíz y sorgo, 197

Sancocho de guisantes partidos y semillas de cáñamo, 185

Sopa minestrone, 179

Picatostes germinados, 249

Sopa de calabacines con puré de aguacate y wasabi, 181

Bol ramen de superalimentos, 170

Sopa de maca y boniato con harissa verde, 131

Sopa de goji y tomate con albahaca fresca, 123

Estofado de tempeh y tomate, 218

Sopa de espárragos trufados, 142

Gachas de quinoa y nueces con cúrcuma, 203

Caldo vegetal, 84

Gazpacho de goji y sandía, 109

Sopa de kale con calabaza de invierno y alubias blancas, 227

Sopa de yogur y pepino con garbanzos tostados y harissa de gojis, 101

Gachas de amaranto con zaatar, 200

INMUNIDAD

Sancocho de alcachofas, 186

Sopa de aguacate y guisantes, 105

Caldo embellecedor, 96

Estofado de lentejas negras con setas Portobello y puré de apio, 216

Pesto de chía, 238

Chile con nueces, 212

Sopa fría de jengibre y zanahoria, 108

Sopa fría de coco y cúrcuma, 113

Crema de kale, 120

Sopa de remolacha con cominos, 145

Sopa de calabaza con manzana al curri, 135

Caldo detox, 95

Gachas de *freekeh* con *shiitake* y kale, 201

Sopa de maíz fresco, 119

Crema de boniato y jengibre con espino cerval de mar, 121

Harissa de goji, 241

Sopa de goji y azafrán con sorgo, 158

Conserva agridulce de uvillas, 246

Gazpacho de melocotones y uvillas, 107

Sopa de coliflor dorada con setas braseadas, 148

Harissa verde, 239

Sopa de zanahoria con harissa, 127

Caldo curativo, 97

Crema de rábanos picantes, 236

Bol de caldo con kimchi y fideos de trigo sarraceno, 174

Kitchari, 205

Gazpacho de melón y limón con aceite de espirulina, 102

Sopa de muchos verdes, 132

Sopa minestrone con farro y pesto de chía, 169

Sopa de miso con fideos, 166

Caldo de setas, 86

Sancocho de gírgolas con beicon de coco, 191

Sopa tailandesa de tallarines fritos, 172

Sopa de pera y chirivía, 147

Sopa festiva de caquis, 154

Sopa de cebada con setas Portobello y crema de rábanos picantes, 209

Pozole Verde con judías pintas, 229

Estofado de ratatouille y quinoa, 223

Borscht de alubias rojas, 225

Estofado de dal de lentejas rojas y coco, 211

Gachas de chía y lentejas rojas con achicoria, 167

Sopa de brócoli asado, 137

Sancocho de coliflor rustida, 192

Sopa de pimientos rojos asados con crema fresca de espino cerval de mar, 125

Sopa de seis setas, 139

Sopa de calabaza ahumada con racimos de semillas caramelizadas, 150

Sopa minestrone de primavera, 179

Bol ramen de superalimentos, 170

Sopa de goji y tomate con albahaca fresca, 123

Gazpacho de goji y sandía, 109

BAJO EN CALORÍAS

Ensalada de manzana, 246

Sancocho de alcachofas, 186

Sopa de alga *nori* y aguacate con arroz crujiente, 100

Sopa de aguacate y guisantes, 105

Caldo embellecedor, 96

Sopa de apio con compota de manzana y berros, 140

Sopa fría de jengibre y zanahoria, 108

Sopa fría de coco y cúrcuma, 113

Crema de kale, 120

Sopa cremosa de calabacines, 146

Caldo detox, 95

Sopa de rúcula Earl Grey, 116

Caldo energizante, 94

Sopa del mercado de hortalizas, 177

Sopa de hinojo con conserva agridulce de uvillas, 129

Sopa de té verde con arroz prohibido, 164

Sopa de maíz fresco, 119

Crema de boniato y jengibre con espino cerval de mar, 121

Gazpacho de melocotones y uvillas, 107

Caldo curativo, 97

Kitchari, 205

Gazpacho de melón y limón con aceite de espirulina, 102

Sopa de muchos verdes, 132

Caldo de miso, 87

Sopa de miso con fideos, 166

Caldo de setas, 86

Sopa de pera y chirivía, 147

Sopa de cebada con setas Portobello y crema de rábanos picantes, 209

Sopa de puerros y patata, 136

Sopa de concentrado de nabo, 141

Estofado de ratatouille y quinoa, 223

Gachas de chía y lentejas rojas con achicoria, 199

Sopa de brócoli asado, 137

Sancocho de coliflor rustida, 192

Sopa de pimientos rojos con crema fresca de espino cerval de mar, 125

Caldo de algas, 89

Sopa de seis setas, 139

Sopa de calabaza ahumada con racimos de semillas caramelizadas, 150

Sancocho de maíz y sorgo, 197

Sopa de goji y tomate con albahaca fresca, 123

Estofado de tempeh y tomate, 218

Sopa de espárragos trufados, 142

Gachas de quinoa y nueces con cúrcuma, 203

Caldo vegetal, 84

Vichyssoise de berros, 99

Gazpacho de goji y sandía, 109

Sopa de yogur y pepino con garbanzos tostados y harissa de gojis, 241

PROTEÍNAS

Estofado de minestrone africano, 214

Sancocho de alcachofas, 186

Sopa de aguacate y guisantes, 105

Jambalaya de alubias de careta, 226

Sopa de lentejas negras y rúcula, 222

Estofado de lentejas negras con setas Portobello y puré de apio, 216

Sopa de alubias negras con cacao, 215

Sopa de castañas y cacao, 152

Sopa de col y cominos con albóndigas de *freekeh*, 162

Chile de coliflor y chía, 210

Sopa de brócoli con queso, 188

Sopa de nachos de chía con alubias negras, 160

Chile con nueces, 212

Sopa de chocolate frío (postre), 117

Sopa fría de almendras y hierba de trigo con uvas e hinojo, 114

Sopa de curri y coco, 180

Sopa cremosa de calabacines, 146

Sopa del mercado de hortalizas, 177

Sopa de té verde con arroz prohibido, 164

Gachas de *freekeh* con *shiitake* y kale, 201

El estofado de superalimentos de mi perrito Fritz, 231

Sopa de goji y azafrán con sorgo, 158

Sopa de zumo verde con arroz y fideos de pepino, 110

Sancocho inca, 194

Bol de caldo con kimchi y fideos de trigo sarraceno, 174

Kitchari, 205

Sopa minestrone con farro y pesto de chía, 169

Sopa de miso con fideos, 166

Sopa de cebolla con parmesano de semillas de cáñamo, 175

Sancocho de gírgolas con beicon de coco, 191

Sopa tailandesa de tallarines fritos, 172

Estofado de quinoa peruana, 220

Sopa de cebada con setas Portobello y crema de rábanos picantes, 177

Pozole Verde con judías pintas, 229

Gachas de ñame de agua con trigo sarraceno, 195

Borscht de alubias rojas, 225

Estofado de dal de lentejas rojas y coco, 211

Gachas de chía y lentejas rojas con achicoria, 199

Sopa de brócoli asado, 137

Sancocho de coliflor rustida, 192

Sopa de farro y raíz asada con ensalada de manzana, 182

Sopa de coles de bruselas en láminas con beicon de coco, 157

Sancocho de maíz y sorgo, 197

Sancocho de guisantes partidos y semillas de cáñamo, 185

Sopa minestrone de primavera, 179

Bol ramen de superalimentos, 170

Sopa de maca y boniato con harissa verde, 131

Estofado de tempeh y tomate, 218

Sopa de espárragos trufados, 142

Gachas de quinoa y nueces con cúrcuma, 203

Sopa de kale con calabaza de invierno y alubias blancas, 227

Sopa de yogur y pepino con garbanzos tostados y harissa de gojis, 241

Gachas de amaranto con zaatar, 200

SOBRE LA AUTORA

JULIE MORRIS vive en Los Ángeles y es una chef especializada en alimentos naturales y defensora de las comidas sin procesar ni refinar preparadas con ingredientes vegetales y superalimentos. Es autora de los superventas *Superfood Smoothies* y *Superfood Kitchen*. Durante casi una década, Julie ha trabajado en la industria de la alimentación natural creando recetas, escribiendo, presentando eventos de cocina y como representante, y es la chef ejecutiva de Navitas Naturals, una compañía especializada en superalimentos cien por cien orgánicos de comercio justo. Su misión es sencilla: compartir recetas y recomendaciones nutricionales para conseguir llevar una alimentación saludable y sabrosa, fácil de adoptar y de mantener. Si quieres saber más sobre Julie y los superalimentos, visita su web, www.juliemorris.net.

El fotógrafo OLIVER BARTH nació y creció en Berlín y vive en Los Ángeles. Se dedica a captar la belleza natural de la vida en imágenes intemporales. Para saber más de él, visita www.LAfoodphotography.com.

ÍNDICE

INTRODUCCIÓN 7

PRIMERA PARTE: VUELVEN LAS SOPAS 11

   Sopas: cacerolas llenas de posibilidades 13

   Principios de las sopas de superalimentos 15

   Lo básico de las sopas 19

   Grasas buenas 19

   Aromatizantes 21

   Condimentos 21

   Ingredientes básicos 22

   Líquidos 22

   Añadidos 23

   Consejos para comprar legumbres en conserva 25

   Prepaparar la sopa 27

   Claves de las sopas de superalimentos 28

   Las siete mejores familias de superalimentos para la sopa 29

   Utensilios 29

   Guía para cocinar con superalimentos 60

   El verdadero precio de los ingredientes 62

   Conservar las sopas 64

   Los beneficios nutricionales de las sopas de superalimentos 67

SUPERFOOD SOPAS (Sopas de superalimentos)

SEGUNDA PARTE: LAS SOPAS.. 73

    Antes de empezar.. 75

    Caldos para cocinar 83

    Caldos funcionales 93

    Sopas frías... 98

    Cremas y sopas trituradas... 118

    Sopas de caldo con fideos 156

    Sancochos y gachas 184

    Estofados y chiles 208

    Aderezos para sopas 234

TERCERA PARTE: EXTRAS 253

    Guía de sustitución de superalimentos 255

    Cuadro de conversión de medidas 256

    Guía para comprar ingredientes 257

    Bibliografía 259

    Agradecimientos 263

    Índice de sopas por beneficios 265

    Sobre la autora 273